はじめに

「倉野《くらの》の魔改造」

私のコーチングは、いつしか「魔改造」とファンの方々の間で呼ばれるようになりました。

それは、投手育成において劇的な成長をもたらすという意味だそうです。

その言葉を使わせてもらうなら、

「どのようにして魔改造は行われてきたのか」

「どのような選手が魔改造に成功するのか」

私が所属している福岡ソフトバンクホークスは、今や「若い選手がどんどん育つ」という評判をよく耳にします。

その中で投手においては、チームを代表する選手となった武田翔太《たけだしょうた》、石川柊太《いしかわしゅうた》、そしてチームのみならず日本を代表する投手となった千賀《せんが》滉大《こうだい》がいます。

その彼らが入団してきた時から見ている私は、どのように成長していったのかを目の当たりにしてきました。

私は、一九九七年に投手として福岡ダイエーホークス（現福岡ソフトバンクホークス）に入団し、十一年間プレーしました。現役引退後に一年のフロント職を経て投手コーチの役割をいただき、早十三年が経とうとしていますが、今ではホークスは球界随一の投手王国と呼ばれるようになりました。

しかし私が入団した年は、南海ホークス時代から続く、十九年連続Bクラス（四位以下）というチーム状況でした。そしてようやく三年目に優勝を果たし日本一となり、それ以降、ホークスは常勝球団と呼ばれるようになりました。

平成での七度の日本一は、球界の盟主と呼ばれた読売ジャイアンツの六度を上回り日本で一番の成績を誇ります。

私は選手時代からコーチとなった今まで、その全てをホークスで過ごしており、勝てなかった時代から日本で一番強いチームとなるまでの過程を間近で見てきています。そして投手王国と呼ばれる投手陣を率いる一人のコーチとして、自らの実体験をふまえ、選手として経験してきたこと、コーチとして感じていることなどを本書にまとめたいと思います。

現代の野球界が抱える指導者問題

指導する側とされる側の感覚、理論の違い。昔は指導者の感覚や主観を頼りに、頭ごなしにコーチングを行うことが多かったと思います。「昔ながらのコーチング」と「現代のコーチング」は全く感覚が違うものであり、今の指導者はこのことをいかに理解できるかが重要となります。

「練習中に水は飲むな!」「肩は冷やしてはいけない」。私の小さい頃はこういう理論の時代でした。

しかしそれが理にかなっていないことが分かり、今では真逆の理論とさえなっています。

「なんでストライクが入らないんだ!」「なんで三振するんだ!」。今でもいるかもしれませんし、私も経験してきましたが昔の指導者は当たり前のようにこう言っていました。「結果を責める」こと。

これがどのくらい人の成長を妨げているのかに気づかなくてはいけません。

また指導される側の選手は、現代のSNSの発達により、自分で容易に情報を得ることができます。昔であれば、人に直接聞かなくては分からず、経験者の理論が正しいと思い込んでいましたが、今は自分自身で調べ学ぶことができるのです。

その影響もあって、選手は指導者に対して疑問を持つこともあるのです。

では、これからはコーチは必要ではなくなるのか?

決してそうではないのです。

指導者と選手のあるべき姿、これが選手の成長にとって不可欠な要素となるのです。

一流の選手、一流の指導者

「〇〇選手を自分が育てた」

この言葉をよく耳にしますが、私の感覚では正直理解ができません。

私自身、選手に対して自分が育てたという気持ちは全くありません。なぜかというと、その選手と接しているのは一日の中で僅《わず》か数時間だけだからです。残りの十数時間はどこで何をしているのか分からないのです。

見えないところでどれだけの努力をしているか。

だから「自分が育てた」と言うことはないし、実際にそうではないと思います。

ただ言えることは、少しのきっかけにはなったかもしれないという思いだけなのです。

私が育てたと言われているとすれば、これまで出会った選手に恵まれ、選手が活躍してくれたお陰で私の評価が高まったんだろうと感謝するところです。

一流となる選手はどのように考え行動しているのか。

また一流の指導者になるためにコーチとして大事なことは――。

コーチング論は言うまでもなく、指導者側が相手の成長を促すための不可欠な要素です。


そのコーチング論で私が重視していること。


「伝える力」

「長所を伸ばす」

「成功体験」

「アドバイスはシンプルに」

「モチベーションを上げる」


本書では私の実体験を元に、指導者や選手にとってヒントになるであろう数々の事例を挙げて紹介していきます。

少しでも多くの方に、本書を手に取っていただければ幸いです。

［目次］

第3章 努力する力を引き出す

第4章 その努力に寄り添う 111

装丁　菊池　祐

第1章
武田翔太と千賀滉大

1

これまでコーチとして多くの選手を見てきましたが、その中で、育成段階で衝撃を受けた選手はごく僅かです。まずは、私のコーチ人生の中でも非常に印象的な、いわゆる鳥肌が立った二選手について書きましょう。

ドラフト一位で入団した武田翔太

武田翔太は、私がコーチ四年目に入団した、ドラフト一位の高卒ルーキーです。通常、高卒の選手は素材型、つまり、即戦力としてではなく大抵は何年か育てれば活躍する選手になると期待して獲《と》ります。しかし武田の場合は、即戦力になり得る、一軍ですぐに通用する素質を持つ選手だというのがスカウトの評価でした。即戦力を見込まれて入団した高卒選手は、私がコーチに就いてからホークスでは初めてでした。

高卒の場合、キャンプ初日から他の投手と同じペースでは練習させない、と決めています。プロの世界を経験していませんし、体力も筋力もどうしても劣るので、初日からブルペンには立たせない方針を取ります。しかしスカウトからの評価もあり、「一度ブルペンで投げさせてみてほしい」という話になりました。本人もそれを望んだので、二軍のキャンプ初日にブルペンに立たせたのですが、私はすぐに、他の高卒投手と同じように扱うべきだと判断しました。

通常、キャンプ初日の投手はほとんどストレートを中心に投げます。フォームが安定しているかどうかの確認が必要ですし、ストレートの良し悪しが変化球の調子にも繋《つな》がるからです。

しかし、武田は二球目から早くもカーブや様々な変化球を投げ出します。それを見て、小手先のテクニックに走る選手だと感じました。ストレートも、キレは良かったのですが球筋がバラバラで、シュート回転したり引っ掛けたりと安定しません。指先の感覚が非常に優れていることは分かりましたし、間違いなく良いピッチャーになると確信が持てましたが、ここまでセンスだけで投げてきたことは明らかです。下半身や体幹など土台となる部分を徹底的に鍛えさせなければプロで通用する選手にはならないと判断し、当時三軍コーチだった私の領分ではありませんでしたが、他の高卒投手と同じメニューで進めるように進言し、武田本人にもその方向で納得してもらいました。

ただやはり、素質には目を見張るものがありました。最初に武田の投球に鳥肌を覚えたのは、三軍の試合で社会人相手に、入団して初登板となる一イニングを投げさせた時のことです。

ブルペンでは見たことがないキレの良い球をいきなり投げるなど、マウンド上の調子の方が良かったことにも驚かされましたが、何よりも変化球のキレとコントロールが抜群でした。ストレートの質も高いのですが、変化球は特に、一軍で数年活躍している選手にも引けを取らないレベルだったことを覚えています。なかでもカーブは、これまでホークスの投手では見たことがない曲がり方とキレであり、一軍の打者でもバットに当てることは難しいレベルでした。高卒であそこまで変化球を操れる投手はそういないと思います。

武田は、投手としての素質もずば抜けていましたが、自分の頭で考える力のある選手でもありました。高卒のプロ野球選手ではなかなか見かけないタイプです。

彼が昔から独自に書いているというノートを見せてもらったことがあります。そこに武田は、医学書に載っているような肩の骨・関節・筋肉などの詳細な絵を描き写していました。三軍創設当初は行っていた「反省ノート」の内容も非常に高度で、武田以上に記録や分析を緻密《ちみつ》に行っていた選手は見たことがありません。出会ったことのない、非常に勉強熱心な選手でした。

その一方で、勉強熱心であることがマイナスに働くこともありました。どうしても、頭でっかちになってしまうのです。私は、限界まで自分を追い込めるかどうかが成長のために必須《ひっす》だと考えていますが、知識や理論が先行すると、無意識の内にブレーキを掛けてしまうことになります。また武田は、論理的に説明してほしいと考えるタイプの選手なので、これまで武田が身につけてきた知識を上回る説明で納得させるのですが、頭で理解できたとしても、行動に移せるかどうかはまた別の問題です。

そんな武田の変化を一番強く感じた、あるランニングの体力測定での印象的な出来事があります。「設定タイム内でどれだけの距離を走れるか」という月一度行われる、自分の限界のさらに限界まで力を出し切らせて、その最大値を見るというものでした。

限界まで力を出し切った選手は当然、終わった瞬間に倒れ込んでしまいます。しかし武田はこの体力測定で、もう限界だと言って走るのを止めた後、そのままゆっくりと歩き出したのです。限界まで追い込んでいれば、歩くことさえできないはずなので、武田が全力を出していないことは明らかでした。しかしそのことを指摘しても武田は「僕の全力は出し切りました」と言って認めなかったのです。

その後の数回の体力測定でも同様の振る舞いを見せたのですが、初めてのランニングテストから四ヶ月ほど経ったある時、バタンと倒れて大の字になりました。この瞬間、私は「武田はもう大丈夫だ」と確信することができました。センスや素質は抜群でしたが、自分で自分の限界を決めている内はその才能は開花しません。倒れた武田を見て、自分の才能を伸ばしていく準備が整ったと判断し、すぐに二軍に上げました。そして二軍でも非常に調子が良く、数試合投げてすぐに一軍に上がり、それから八勝を上げました。

元々私は、特に高卒投手の投球フォームはいじらない方針で指導しますが、武田に関してはフォームに限らず、技術的に教えたことはほとんどありませんでした。プロとしてやっていくためには不十分だった基礎体力を高め、さらに、自分の出力限界を突破する精神的なタフさを身につけたことで、短期間で一軍に昇格し活躍する選手になりました。

育成選手として入団した千賀滉大

もう一人は、今では球界を代表する右腕となった千賀滉大です。

彼に鳥肌を覚えたのは、入団一年目の八月に名古屋《なごや》へ遠征した三軍の試合でのことです。それまでの三軍での登板経験は少なかったものの、地元なのだから一イニング投げてこいとマウンドに送り出したところ、いきなりの三者連続三振。しかも、球速は150㎞を超え、高めに抜ける球が全くなく、アウトローにビシバシと決まっていくのです。これは凄《すご》い投手だ、これからもっとスケールの大きな投手になるぞと感じさせられた投球でした。

試合後、対戦相手だった中日の二軍コーチから、「愛知出身ですよね？　あんな選手、どこにいたんですか？」と聞かれたほどです。関係者をざわつかせるくらい、衝撃的な投球を見せました。

しかし、数ヶ月前に育成選手として入団した時点では、そんな片鱗《へんりん》は全く見えませんでした。ドラフト一位で入団した武田とは違い、強豪校出身ではない無名選手で、その年の投手では十二球団の中でも最後に指名されての入団。千賀本人とは面識のない野球用品店の店主がスカウトに推薦したことがきっかけという異色の経歴を持つ選手でした。その年は三軍の初年度だったこともあり、言い方は悪いですが、人数合わせで獲ったという側面もあっただろうと思います。

同じ年、支配下で三人、育成で二人、計五人の高卒投手が入ってきました。その中でダントツに遅れていたのが千賀です。入団時点では１３０km台後半がやっとという選手でした。体力も筋力も全くと言っていいほど無く、本人も元々、プロ野球選手になれるとは思っていなかったというレベル。百メートルダッシュをさせると、吐き気がすると言って離脱する。ランニングメニューは半分も走れずに外れる。ウェイトトレーニングも規定の回数をこなせない。全てそんな調子で、あまりに体力が無いことが印象に残る選手でした。

体力はありませんでしたが、光るものが無かったわけではありません。

千賀は、全体的に身体が柔らかかったのです。キャッチボールにせよストレッチにせよ、関節の可動域が広く、しなやかな動きができたので、鍛えれば良い選手になるかもしれない、とは感じました。ただ、あくまでも「かもしれない」というレベルでしかなく、正直に言えば、他の四選手の方が能力や素質は明らかに上でしたし、目立っていました。

また、関節が柔らかいこともあってルーズショルダーを持っており、無理をすると怪我に繋がる可能性が高かったため、他の高卒投手以上に投球ペースを落とさせました。少しでも張りが強い時は投げさせず、身体の調子が良い時にしっかり投球練習を行うことを徹底させました。そのこともあって、試合での投げ出しが一番遅い選手でもありました。

千賀にはとにかく、体力強化を徹底的にやらせました。

腹筋は一日千回がノルマです。試合中でも仕事がない時は球場入り口辺りのスペースで腹筋、遠征先のホテルの廊下でも腹筋、ノルマが達成できていなければナイターが終わった後でも腹筋という具合です。当時の千賀は辛《つら》くなるとすぐに弱音を吐きました。

身体が悲鳴を上げているのであれば、それを見極めて休ませます。しかし気持ちだけが辛く、まだ体力的に余力があるように見受けられる時は、叱咤《しった》激励して無理矢理にでもやらせていました。

本人も、ブツブツと文句を言いながら、向上心だけは誰にも負けないぐらい持っていることもあり、トレーニングに必死についてきました。余力を残していた武田と違い、千賀は常に限界まで自分を追い込みます。育成選手として入ってきた時点では、どれほどやる気のある選手なのか分かりませんでしたが、後から聞くと、そういうキツい練習の後で、さらに自分でもウエイトトレーニングを行っていたと言っていました。一軍で活躍している今も、千賀の向上心には驚かされることがあるほどです。

そのようにして徹底的に体力強化を続けたことで、千賀の速球の才能は一気に開花することになります。

ただ、一軍で投げさせるためには、コントロールのばらつきが気になりました。武田は元々コントロールが優れていたので、体力がつけばすぐ上に上げることができましたが、千賀はそうはいきません。

それでも、コントロールの修正のためにフォームに手をつけることはしませんでした。速球という長所を消してしまうことにもなりかねないからです。

コントロールを安定させることは非常に難しいのですが、速球という長所を損なわない範囲で、コントロールの不安定さを目立たなくするような調整を少しずつ行い、次第に実力と自信がついていき、千賀は球界を代表する選手へと駆け上がっていきました。

第2章

努力できる環境を作る

2

三軍制という環境

なぜ三軍は創設されたのか？

ホークスは、二〇一一年に三軍制を導入しました。その創設のタイミングで、私は三軍の投手コーチに就任します。

当時「三軍」という形の区分けを行っていたのは、ホークスとジャイアンツぐらいでしょう。ジャイアンツでは、二軍の下に作られた別チームを「第2の二軍」と呼んでおり、「三軍」という名前ではありませんでした。カープにも「三軍」はありましたが、あくまでも体力強化やリハビリを目的とするグループをそう呼んでいたにすぎません。

ホークスの「三軍」は独立したチームであり、設立当初から、年間で八十試合ほど行うことがあらかじめ設定されていました。四国の独立リーグであるアイランドリーグ（当時の名称）や、韓国の二軍チームとの試合がメインで、大学や社会人のチームとも対戦をしていきます。

三軍は、試合でしか得られない成功体験を選手に与えたいという思いから生まれました。選手の力量差はやはり実戦経験の差によるところが非常に大きいため、試合になかなか出られない選手ほど成長の機会が乏しいという状態に陥ってしまいます。この状況を打開するには、試合をさせるしかありません。

三軍が創設される二年前、私は二軍の投手コーチ補佐に就任します。そこで、二軍の若手選手が試合に出場する機会は限りなく少ないということを改めて実感しました。二軍は一軍選手の調整の場という意味合いも大きいため、入団間もないルーキーや、まだ実力の備わっていない育成選手は、試合になかなか出られないのです。どうしても練習だけでは伸ばせない部分がありますし、試合に出られなければ選手を大きく成長させることが難しくなります。

育成選手が試合経験を積む環境をどうしたら与えられるだろうかと思い悩んでいるタイミングで、当時の球団取締役だった小林至《こばやしいたる》さんの発案で三軍が創設されることが決まります。球団も同じ考えを持っていたと知ることができ、選手の成長のための環境が作られることに安心しました。

三軍の環境

三軍は当然、待遇面での余裕はありません。

宿泊場所や食事などが一軍二軍と違うことは当然ですが、何よりも大変だったのが遠征の際の移動です。最も多いのがアイランドリーグとの試合ですので、片道八時間ほど掛けてバスで四国まで遠征に行くことが頻繁にあります。

初年度はバスが一台しか無かったこともあり、補助席まで使い、スタッフも選手も一緒に一列五人で乗らざるを得ませんでした。行きは前日入りできるのですが、帰りはほとんど車中泊。ナイター終わりで帰ることも多く、当時の福岡市の合宿所に朝四時頃到着ということもしばしばです。アメリカのマイナーリーグを参考にバス移動を取り入れたようですが、アメリカの長距離バスとは広さが違いますし、トイレの設備もありません。休憩のためにパーキングエリアに停車する度に目が覚めますし、長時間座り続けることで腰が固まりコンディションを崩す選手も多かったため、バスから降りたらすぐに、散歩や体操など軽い運動を行わせることを徹底しなければなりませんでした。

他にも、着替えのための場所が無くてバスの中で着替えるなど苦労が非常に多かったのですが、敢《あ》えて厳しい環境にしていたという側面も一方ではあります。ハングリーさやタフさも身につきますし、ここで頑張って一日でも早く二軍に上がろうという気持ちを強く持つこともできるからです。

三軍の投手は、私一人が任されることになりました。それまでの私の経験は「二軍での二年間のコーチ補佐」だけでしたが、その時二軍投手コーチであった齋藤学《さいとうまなぶ》さんにはかなり自由にやらせていただきました。

齋藤さんは、選手時代にもお世話になった、私が今までとても信頼を寄せている投手コーチの一人です。コーチが二人いれば、もう一方にお伺いを立てながら進めていくのが普通だと思いますが、コーチ未経験の私にも好きにやっていいと言ってくださったことで、私は齋藤さんの目を気にすることなく、思ったことを何でも選手に伝えることができました。

選手への指導にも、練習メニューの作成にも意見を挟まず見守ってくれたのです。

もちろん客観的なアドバイスをいただくことはありましたし、全体のプランニングは齋藤さんが考えてくれていたわけですが、齋藤さんに変に気を回す必要もなく、図々《ずうずう》しくも好き勝手に動くことができました。非常にありがたい経験をさせていただいたと同時に、齋藤さんの配慮に今も感謝しています。

二軍コーチ時代のこの経験のお陰で、三軍を一人で任されてからも、すぐに様々なことを試すことができました。上手《うま》くいくことも、上手くいかないこともありましたが、三軍投手陣を一人で見させてもらえたことは私にとって大きな経験になりました。多い時で十人ほど投手がいたこともあり、その全員を私一人が指導するという責任の大きなポジションを経験できたことで、私自身も成長できたと実感しています。

三軍コーチとして目指したこと

三軍コーチとして目指したことは、何よりも「選手が育つ環境を与えること」です。

これは練習メニューだけに限りません。選手にどうアプローチしていくのか、選手同士のやり取りをどう活発にするのかなども含めた、三軍の雰囲気全体をきちんと作り上げるということです。

三軍の投手コーチは私だけでしたので、私が引っ張って一つのチームを作るという意識を強く持ちましたし、自分なりの色を出して選手が成長できる環境作りを徹底していきました。

最初は、選手とのコミュニケーションの時間を増やすことをとにかく重視しました。個別のミーティングや、投球理論・投球術・心構えなどを教える勉強会の時間を多くしましたし、選手に毎試合後に提出させる「反省ノート」でのやり取りも始めました。年二回、三軍の選手全員で食事にも行きます。練習中は口数が多い方ではないので、私の考え方や過去の経験談などもゆっくり話すことができるいい機会になっていました。

私が始めた練習方法で今も続けているのは「個別練習」です。

野球界は、他のスポーツと比べて体質が古いと感じることがあるのですが、選手全員に同じメニューを行わせる雰囲気が未《いま》だに残るのも、その一つです。コーチに就任した頃のホークスも同様でしたが、私は「個別練習」という時間をきちんと確保し、それぞれの選手がクリアしなければならない課題に対する取り組みを行わせることにしました。考える力を養わせるという意味で、時には選手自身に練習方法を決めさせ、何を行ったのか後で報告してもらいました。

基礎体力や体幹を強化するためのトレーニングも増やしましたが、さらに、投球で使う筋肉を強化する練習も行うようにしました。

例えば、体力作りのために当然スクワットもやらせるのですが、スクワットは投球の動きとは異なります。スクワットだけでは競技で使える筋肉の強化とは言えないのです。そこで、重りを持ってシャドーピッチングを行ったり、足を踏み出した状態で耐える力を鍛えたりするなど、投球フォームの形を意識した動きでのメニューを多く取り入れるようにしたのです。

また、不調の原因を技術的な側面だけからではなく、メンタル的な側面からも掘り下げていくようにもしました。メンタルがいかにパフォーマンスに影響を与えるかは自分の選手時代にも痛感していたのですが、サポートがそこまで充実していたわけではなかったので、ここの部分も増やしていくことにしたのです。

このように、生まれたばかりで前例のない三軍を選手の成長が促進される環境に作り変えていくことを、三軍コーチ就任後に徹底して行っていきました。

試合でしか得られないものとは

三軍制は、試合での成功体験を選手に与えるという意味で、非常に大きな成果を上げたと考えています。三軍は二軍と違い、結果に囚《とら》われない思い切った起用やチャレンジができるため、一人ひとりの出場機会を多くできますし、その分、試合で成功体験を得る機会も増えることになるのです。

例えば二軍であれば、試合内容を重視せざるを得ないので、中継ぎの投手がフォアボールを二、三個出せば交代させますし、出場を待つ選手が多いため翌日には登板できないことがほとんどです。

しかし三軍では、フォアボールを五、六個出しても続けさせることはありますし、あるいは、三者連続でフォアボールを出したら交代はするけれども、翌日にも登板のチャンスを与えることもあります。また、選手の成長のために「フォアボールを出したとしても腕を振り抜け、変化球は投げずに真っ直ぐだけで勝負しろ」というような指示も思い切ってできるのです。

チャレンジして課題が見えてくればそれも成果の一つですし、チャレンジしたことによって上手くいけばそれが成功体験に繋がります。試合で一度でも成功体験を得た選手は、もっと上手くなりたいと向上心が湧きますし、練習の取り組みも目に見えて変わってくるのです。

成功体験というのは練習に対するモチベーションにも繋がるので、選手がまだプレーできる状態であっても「失敗した」という記憶を残さないために上手くいっているタイミングで交代させることもあります。良い結果を出すことが自信にも繋がり、練習に向かう姿勢も変わるので、そういう点でも試合での経験は重視しています。

また、「試合に出続ける体力をつける」という意味でも重要です。試合に出場したことによる疲労は、練習で経験できるものではありません。緊張やプレッシャーなど、試合中の心理状態だからこその身体へのダメージは、試合に出場することによってしか体感することも、対処することもできないのです。

出場経験を重ねることで、体力的な意味でも試合に出続けられるようになり、さらに怪我をせずに良いパフォーマンスを維持できれば、当然二軍でも通用するようになります。二軍に上がれば緊張やプレッシャーの度合いはさらに上がるので、そこからさらに二軍で通用する体力をつけなければならないわけですが、三軍での試合経験というのは、体力作りの最初のステップとして非常に重視しています。

もちろん、三軍には三軍なりの大変さもあります。

当初、三軍には投手が六人ほどしかいなかったと記憶しています。ダブルヘッダーも頻繁で、ホークスの三軍は大学の野球部との試合で二連敗するところからスタートしました。三軍の年間試合数から考えると、投手六人というのは非常に少なかったので、調子が悪い選手がいても、なかなか替えられません。無理してでも試合に出てもらわなければならないこともあったのです。

試合に出場する選手が足りず、ブルペンキャッチャーがスタメン出場したり、投手が外野を守ることもありました。これは選手にとってはかなり厳しい環境ではありますが、しかし一方で、調子が悪い状態でもいかに打者を打ち取るかという経験ができるとも言えます。

選手の人数が少ないために、「努力してレギュラーを勝ち取る」という雰囲気を作り出すことは難しいですし、そのせいで貪欲《どんよく》さを伸ばしにくいという点はデメリットと言えるかもしれません。ただし、そうだとしても、試合での成功体験を与えるという三軍制のメリットは、非常に大きいと考えています。

指導方針を統一する組織改革

三軍創設以前から「軍ごとに選手の育て方の方向性が異なる」という問題はずっと存在していました。三軍から二軍へ、あるいは二軍から一軍へ上がった時、それまでのコーチとは全く違うことを言われて選手が迷ってしまい自分を見失うというのは、プロ野球界全体が抱える課題だと思っています。

ホークスは、この問題にもいち早く取り組むことにしました。

一軍監督が工藤公康《くどうきみやす》さんに代わった年、私は三軍コーチから二軍のチーフ投手コーチに変わりましたが、その工藤体制一年目を優勝で終えるとすぐに、私は工藤監督から重要な役割を与えられることになります。

それが、「巡回コーチ」です。

巡回コーチという名称は、他の球団でも存在します。しかし、ホークス以外の球団における巡回コーチの役割は「どの軍の選手に技術を教えてもよい」であることがほとんどでしょう。工藤監督の考えは違いました。私に与えられたのは「各軍で選手の育成の方向性を一本化する」という役割でした。

この仕組みは工藤体制になってから五、六年で完全に形が出来上がり、今ではこの役割は「統括コーチ」に名前を変えています。今のホークスが投手王国と呼ばれるようになった理由の一端には、このような組織改革も関係しています。

同じ仕組みを、投手だけではなく野手でも行おうという案は、まだ上手く形になってはいません。その理由は、投手と打者の違いも関係しています。投球理論は根本となる部分がそれほど変わらないので、数としてはそこまで多くありません。しかし、打撃理論はメカニックや打席での考え方など数が多く、選手個々の差が非常に大きいのです。この状況で、選手個々の育成の方向性を一本化するためには、かなり力量のある人材が必要となりますが、一筋縄ではいかないようです。

野手の方はともかく、投手については既に「どの軍に属していても方向性がブレない指導を受けられる環境」が整っています。

これもまた、三軍を創設したことによる副次的なメリットと言っていいかもしれません。

「努力のため」の体力作り

体力が無いまま大学入学

青山学院大学の野球部に入った当初の私は、試合どころか練習にさえついていけないという、全くと言っていいほど「体力が無い」状態でした。ウォーミングアップですらかなりキツいと感じたほどです。ランニングでは設定タイムに全く入れませんでしたし、チーム全員での長距離走の際は、圧倒的な大差での最下位という有様です。

大きな理由の一つは、高校時代の練習環境にあります。

私がいた三重県にある宇治山田高校は野球の強豪校ではなく、公立の進学校でした。文武両道を掲げていましたが、野球の専用球場は当然無く、グラウンドが一つあるだけ。外野では陸上部とサッカー部が練習をしていたため、バッティング練習は週に三度しかできませんでしたし、そもそもグラウンドが小さいので、ランニングは学校の外の坂道で行っていました。

また、長時間の練習をやらせないのが当時の監督の方針でした。監督から出されるメニューは多くなく、休日も練習は午前中で終わります。自分で考えて短時間で集中して練習をしなさい、という環境でした。後から思えば、自分の頭で考える力を養わせるためにそのような方針を取っていたのではないかと感じますし、実際に考える力は身につき、今に活かされています。

練習量を補うために部活の後ジムに通い、ウエイトトレーニングを行っていたとはいえ、やはり練習の絶対量は少なかったので、高校時代は「午前と午後に行う試合のダブルヘッダーが最も辛かった」というほど体力の無い状態で大学に入学することになりました。

後に監督やコーチから聞いた話ですが、私は周りから「あいつは一週間で辞めるよ」と言われていたそうです。しかし入学前から、練習はかなり厳しいだろうと覚悟しており、どれだけ辛くても絶対に耐え抜こうと決めていました。

「一週間で辞める」と言われているなどとは知らなかった私は、チームメイトに「将来プロ野球選手になる」と宣言したのですが、大笑いされてしまいました。「今のままじゃ、四年間ベンチにすら入れないかもしれないよ」と言われてしまう始末です。

しかし、私はその反応を当然のものと受け止めました。

当時、プロがドラフト指名してはいけないドラフト指名凍結選手が全国の高校生で数人いましたが、その内の三人が青山学院大学にいたほどチームメイトのレベルは非常に高かったのです。もちろん、自分が練習にさえまともについていけない状態であることも紛れもない事実でしたから、悔しいとさえ感じなかったほどです。

それでも、プロ野球選手になるという夢は全く揺らぎませんでしたので、いつか絶対に見返してやると奮起しました。

善波厚司さんのトレーニング

それまでの青山学院大学野球部には投手コーチがいなかったのですが、私の入学と同じタイミングで善波《ぜんば》厚司《あつし》さんが就任することに決まりました。前年まで社会人チームの日産自動車で現役選手としてプレーしていた方で、後に母校である青山学院大学の野球部監督も務めました。プロ入り前ということで考えると、最もお世話になったのが、この善波さんです。体力が全く無かった私の野球選手としての基礎を全て作ってくれましたし、高校までほぼ独学だった投球フォームなどの基本を一から教えてくれた方でもあります。

投手の練習メニューは善波さんが全て決めていたのですが、少し前まで選手だった善波さんが行っていたメニューを元に作られていたので、高校時代と比べると尋常な量ではありませんでした。

ランニング一つとっても、タイムや本数の設定がもの凄くハードでした。しかも、設定タイムに入らなかったものは一本とカウントされません。私の場合、最初の頃は「十本走って一度も設定タイムに入れない」ということもざらでした。そんな時は、私だけ他の選手の二倍以上走っているというような状況が続くことになります。

他の選手より体力面で劣っていることは明らかでしたので、善波さんは人一倍厳しく鍛えてくれました。

青山学院大学野球部は、全体練習を短く、その後の自主練習の時間を長く取る方針なのですが、投手に関しては自主練習の時間も、善波さんがつきっきりでトレーニングに付き合ってくれました。

特に私は、ベースとなる体力、筋力の強化が急務でしたので、走り込み、下半身強化、腹筋、背筋、グラウンドで行う強化運動などを、善波さんから徹底的に課されました。練習に取り組む際の姿勢も厳しく指導されましたし、そんな善波さんの期待に応《こた》えようと、野球部での厳しい練習の他に、練習後や休日などチームメイトが休んでいる時にも、ウエイトトレーニングなど自分で考えた練習を必死で行いました。ここで差を縮めなければ絶対に追いつけないと歯を食いしばったのです。

そして入学から半年後、チーム全員での長距離走が再び行われたのですが、そこで私は一気に三位まで順位を上げることができました。この結果には自分が一番驚きました。少し自信を持てるようにもなったのです。また、体力が向上し始めたことで、技術練習もたくさん行うことができ、技術の向上に繋がったということもあるのでしょう。それからは、試合で良い結果が出せるようにもなりました。

私はこのような経験があったので、選手にはまず何よりも「練習についていくための体力」をつけさせることが大事だと考えています。善波さんのトレーニングは、非常に厳しいものでしたが、そのお陰で体力も筋力も身につきました。

また、選手として大事な部分も教わりましたので、今の私のコーチとしての指導の基礎にもなっています。

科学的トレーニングと練習量の減少

現在、アマチュアの練習量は全体的に減っていると感じます。最近では、強豪校であってもひと昔前と比べると練習量が格段に減っていると聞きます。以前であれば、厳しい練習をくぐり抜けた者がプロ入りするのが当たり前だったので、プロですぐに通用する選手も珍しくはありませんでした。しかし今は、そうした選手はそうそう見かけません。

練習環境が大きく変わったことで、基礎体力の無い選手が増えたのだと考えています。プロの世界においては、「今では上手い選手は増えたけど、強い選手は減った」とよく言われます。

また、追い込んだ練習をしていないことと関係があるとも考えているのですが、「精神的に脆《もろ》い選手が増えた」と感じます。

逆境に陥った時でも、メンタルが強ければ「火事場の馬鹿力」が出るものです。こんな大事な場面で過去一番のピッチングができるものなのかと感嘆させられるような選手がかつてはいましたが、今は少なくなっている印象があります。

恐らく、これも練習量の減少が原因の一つでしょう。

練習環境が変化した一番大きな要因は恐らく、科学的な知見が多数積み重なってきたことで、これまで正しいとされてきた練習法に「効果が少ない」というエビデンスが出てくるようになったことだと思います。

今では、非常に精密な計測機器を使うことができ、ボールの回転数や回転軸を測ったり、細かな動作解析を行ったりすることができます。そのお陰もあってか、アマチュアを含めて投手の球速は以前よりも10㎞も底上げされているほどです。

コーチ同士で「もし、自分の現役時代に最新の機器と今の理論があったら、もっと活躍できたはず」なんて話をするのですが、そう言いたくなるぐらい、十年前には分からなかったことが数値化できるようになり、それらを元にトレーニングの合理性が判断される時代になっているのです。

しかし、合理的ではないという理由で不要なトレーニングだと判断していいかと言えば、決してそうではありません。体力的にも心理的にも様々な効果をもたらす可能性を秘めているからです。精神的な強さだけではなく、基礎体力を身につけるのに有効だということを経験から学びました。

どれだけ合理的なトレーニングを繰り返したところで、そもそも土台となる体力が無ければあまり効果は期待できません。

ピラミッドをイメージしてください。一番下を「体力」として、その上に様々な「技術」を積み上げていくと考えると、土台の「体力」部分が大きければ大きいほど、ピラミッド全体を大きくできることが理解していただけるでしょう。

合理的な練習というのは、新鮮で楽しんで取り組めるものもあるでしょうし、科学に裏打ちされていると聞けば、期待感も高まるだろうと思います。しかし、それらのトレーニングがきちんと効果を生み出すためには、やはり基礎体力が必要なのです。

そして、基礎体力をつけるためにはどうしても、泥臭く「量」をこなすしかないと考えています。

「量より質」という考えもあるでしょう。しかし、トレーニングの「質」であれば意識の持ち方次第で年を取ってからでも高めることができますが、トレーニングの「量」となると若い時にしかやり込むことができません。加齢に伴って回復力が衰えてしまうからです。若い時ほど量をこなして、基礎体力を引き上げていくことが重要になるのです。

もちろん、だからといって、中学や高校の部活をひと昔前のようなスパルタ方式に戻すべきだと主張したいわけではありません。確かに、以前はプロ入りの時点で強い選手が多かった。けれど、その陰には膨大な練習量に耐えきれずに潰《つぶ》れてしまった才能ある選手も数多く存在したはずです。

成長期にかなりの負荷を掛けるわけですから、怪我をするのは当然です。ただ量をこなせばいいというわけではなく、適切なタイミングとやり方で基礎体力を高めるためのトレーニングを徹底して行い、プロで通用する体力を鍛えていく必要があるということです。

工藤公康理論

私の投手理論は、ほとんど「工藤公康理論」と呼ぶべきものです。工藤さんと出会っていなければ、選手時代の活躍も、コーチとしての今の私も存在しなかったことでしょう。

工藤さんと深く関わるようになったきっかけは、プロ入りして三年目のオフに行った自主トレです。この自主トレが大きな転機の一つになりました。工藤さんはその時点で既に、ホークスからFAでのジャイアンツ移籍が決まっていました。工藤さんが「ホークスでの最後の年」というタイミングで、自主トレを一緒にさせてほしいとお願いしたのです。

二月のキャンプイン前の一ヶ月。工藤さんに徹底的に鍛えられることになったのですが、その時に教わったことに自身の経験を加えて、今の私のコーチング理論は成り立っています。

その年から五年ほどの間、一緒に自主トレをやらせていただきました。工藤さんはとにかく、朝から晩までひたすら野球漬け。朝から徹底的に練習をし、その後、野球の理論や身体の構造などの話を聞かせていただきました。食事中でさえ、「箸《はし》を持っている時にどの筋肉が動いているか分かるか？」という具合に話が始まるのです。

工藤さんの話は非常に興味深いものばかりで、二時間でも三時間でもずっと聞いていることができ、部屋に戻った後に書き留めたメモはノートのほぼ一冊分に達したほどです。

また、この際、工藤さんの基礎体力にも驚かされました。当時の私は二十五歳、工藤さんは三十六歳でした。十一歳もの年齢差があるのですが、技術はもちろん、走力も体力も筋力も、全て工藤さんに及ばなかったのです。

この時の衝撃が、基礎体力を重視する私の思考のベースになっているのです。

六ヶ月間ハイパフォーマンスを維持する

プロ野球は、シーズンが約半年間続きます。これはつまり、「六ヶ月もの期間、ハイパフォーマンスを維持しなければ、一軍に定着することはできない」ということを意味します。

六ヶ月間ハイパフォーマンスを維持するというのは、アマチュアからプロに入ったばかりの選手にはかなりの困難を伴います。

アマチュアの場合、大会の時期はあらかじめ決まっていて、公式戦が無い期間も長く続きます。試合の時期にパフォーマンスの最大値を持っていくように調整をすれば、良い結果を出すことが可能だということです。しかし、プロの場合は、野手なら毎日、投手でも中継ぎであれば週四回登板することもあるのです。アマチュアの感覚のままではプロでは通用しません。

極端な話、アマチュアの投手に「プロの試合で一イニング抑えなさい」と言って投げさせたら、抑える投手はざらにいるでしょう。しかし、それを継続しろと言われたらできないと思います。シーズンを通してハイパフォーマンスを維持できるだけの体力・筋力がプロとしての絶対条件だと言えます。

最近はYouTubeやＳＮＳで、野球の技術理論を紹介する人も増えました。

そうした理論で瞬間的な能力向上に繋がる選手がいるのも、確かです。しかし、全ての人に当てはまるわけではありません。また、非常に重要な、「その状態を半年間継続できるか」という視点から考えると、瞬間的な能力向上が必ずしも良いとは言えなくなるでしょう。このような観点は、プロの世界で一シーズン通してプレーした経験がないとなかなか理解できないと感じます。

回復力を高める

体力強化で重視するのは、心肺機能を高めることです。心臓の「ポンプ」が強くなることで血液の循環が良くなって、疲労物質を早く取り除けるようになります。これによって「回復が早くなる」と考えているのです。

投球におけるコントロールというのは、指先で一ミリずれるとホームベース上ではおよそ五十センチもずれると言われるぐらい、繊細なものです。だからこそ、回復力が非常に重要なのです。

少しでも身体が張っていたり、疲労が残っていたりするだけで腕が思うように動かず、そのせいでボールに力を上手く伝えられなくなったり、リリースポイントがずれてしまったりします。

中継ぎなら翌日の、先発ならイニング間の回復力が、投手のパフォーマンス維持のために必要なのです。

そこで私は、心肺機能を高める目的でのランニングを重視しています。

「ランニングは不要」という意見も度々耳にしますが、私は絶対に必要だと考えています。確かに心肺機能の強化「だけ」であれば、例えばフィットネスバイクによるトレーニングでも十分です。

しかし、投手とは両足を地面につけ全身を使って球を投げるものであり、投球を安定させるという意味ではフィットネスバイクでの動作では不十分なのです。足を動かすトレーニングを行うのであれば、実際に地面を蹴《け》って足の裏に全ての重心を掛け、身体全体を使うランニングの方が得るものが大きいと考えています。

これまでの経験で言えば、ランニングの質が悪化した投手は、年々目に見えてパフォーマンスが落ちていきます。足を怪我して走れなくなった選手も、確実に調子が悪くなっていくものです。

未だにベテランで活躍している和《わ》田《だ》毅《つよし》は、今でもものの凄く走ります。チーム内でも一番走るのではないでしょうか。現役時代の工藤さんも、四十代になっても百メートル走を六十本も平気で走るような人でした。

十分な体力がついたかどうかの確認も、ランニングで判断します。足の速さは人それぞれ違うので、タイム自体はそこまで重要ではありません。

体力の無い選手は何本も走って疲れた時のタイムの落ち方が非常に大きいので、落ち幅を特に見るのです。体力がついていれば心肺機能も上がり、回復力も高まっていくはずなので、タイムがそこまで大きく落ちることはありません。ランニングの質が低い投手は、試合で投げさせた時に連投がきかなかったり、中六日の先発で回すと状態が安定しなかったりします。そして、もちろん例外もありますが、六ヶ月間のシーズンで体力がもたない選手がほとんどです。

パフォーマンスを安定させるために最も重要で、回復力をチェックする、向上させるという意味で、投手のランニングは不可欠だと改めてお伝えします。

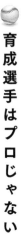

「努力は当然」という雰囲気作り

育成選手はプロじゃない

三軍の選手に、ことあるごとに言い聞かせる話があります。それは「育成選手はプロじゃないぞ」というものです。

「一軍選手と同じユニフォームは着ているけれど、背番号は三桁《けた》で、一軍の試合にだって出られない。君たちはまだ本当のプロ野球選手ではないということをきちんと自覚しなさい」と徹底的に叩《たた》き込んでいます。

わざわざそんな言い方をするのは、貪欲さを引き出したいと考えているからです。

これまでずっと努力を積み重ねてきたような選手であれば、努力することは苦ではないでしょうし、言われずとも全力で頑張れます。しかし、そうではない選手もいるのです。特に、練習量が以前より減っている今のアマチュアの環境では、根気強く努力し続けることは難しくなっていると言えるかもしれません。

そういう選手を厳しい言葉で発奮させたいと考えているのです。

「プロ野球選手じゃない」というのは、かなり厳しい言い方ですが、紛れもない事実です。だからこそ、今何をしなければならないのかを徹底的に考え、ハングリー精神を前面に押し出して努力してほしいと常に伝えるようにしています。

また、そうやって選手一人ひとりの気持ちを同じ方向に向かせることで、チーム全体の雰囲気も高めていくことができるとも考えています。

人間はどうしても、安易で楽な方に流れてしまうものなので、一人でも怠けた雰囲気を出してしまうと周りも悪影響を受けてしまうものです。

「プロ野球選手じゃない」という言葉に奮起する選手が一人でも増えれば、周りの選手が危機感を覚えるようになりますし、それによってチーム全体の空気も変わっていきます。そういう雰囲気を作ることも、コーチの役割だと考えています。

考える力を身につけさせる「反省ノート」

三軍コーチ時代、選手には「反省ノート」を書いて提出することを義務づけていました。

私自身が高校生の頃に当時の監督とノートを通じたやり取りをしており、その時の記憶を一つのきっかけとして、三軍コーチ就任時から始めることにしたのです。

試合後、自宅で精神面、技術面、身体面について振り返りノートに書いてもらいます。翌日、集合する前に提出させ、それに対して私が赤ペンで感想を書いて返却するというのを毎試合、行っていました。

ノートを通じたやり取りを続けていると、「この選手は最初の頃とは書く内容が全く変わってきたな」ということや「この選手はいつも義務的に書いているだけだな」といったことが見えてきますし、選手の成長や変化を感じ取れることもありました。

こうしたやり取りならば、メールやＬＩＮＥでも十分ではないかと感じる方もいるでしょうが、私は手書きにこだわっていました。字の綺麗《きれい》さや汚さ、あるいは、間違えた箇所をぐしゃぐしゃとペンで消すか修正ペンを使うかなど、手書きの字には選手個々の性格が表れます。字だけで何かを判断することはありませんが、選手を把握するための参考にしていたのです。

この反省ノートで最も重視していたことが、「考える力」を身につけさせることです。与えられたことだけを行う選手は伸びません。自ら反省点を探し出したり、それにどう対処すべきかを考えたりすることをしていかなければ、絶対に成長できないのです。しかし、こうした力を自分一人だけで身につけることは非常に難しいものがあります。そこで、「反省ノート」という仕組みを利用して、選手たちに「自分が今、何をすべきか」を考える時間を強制的に作らせるようにしたのです。

また、ノートに自分の考えを記録しておくことは、迷ったりスランプに陥ったりした時に抜け出すきっかけの一つになり得るとも考えています。

人間はどうしても忘れてしまう生き物なので、試合でどんな感情や決意を抱いたのか、どんな課題を見つけたのかということを覚えていられないことがあります。そうした時にノートを読み返せば、過去の自分が何を考え、どう感じていたのかが蘇《よみがえ》ってきます。それが、停滞してしまった自分を動かすきっかけになるかもしれません。頭で考えているだけでは失われてしまうものを形にして残しておくことは、未来の自分の助けになることがあるのです。

ノートに記録をすること自体は、私自身が小学生の頃から始めてプロになっても毎日続けたことです。現役時代、精神的に不安定な時期が長かったこともあり、自分の気持ちを落ち着かせるためにノートは大変に役立ちました。試合の前後にその日の心境や反省を書き留め、次の試合の前にその記述を読み返していました。時には、試合の直前に気持ちを書き殴り、いつも以上に感じてしまう不安感を抑え込もうとする日もあったほどです。

こうした経験からも、その時に感じたこと、考えたことをしっかりと書き残してほしいと考えています。

「勝ちたい」という雰囲気を作る

創設時の三軍監督である小川史《おがわひろし》さんと、立ち上げの際に「なぜ試合を行うか」についてよく話し合いました。

三軍は「試合経験を通じて成長を促す場」として誕生しましたが、練習試合をただ数多くこなすというような意識では意味がありません。真剣勝負の中で生まれる緊張やプレッシャーと共に戦うからこそ、得られるものが大きいのです。相手が誰であろうと全力で勝ちに行く気持ちを持つことが重要ですし、選手とそういう認識が共有できる環境にしようと監督と話し合いました。

スポーツにおいて楽しんでプレーすることは非常に重要ですが、若手の選手に対しては特に、「楽しむ」という意味を誤解しているように感じることもありました。というのも、試合中、ミスやピンチの場面で笑顔を見せる選手を目にすることがあるからです。

笑顔にはリラックス効果があることは確かに理解していますが、真剣勝負においては笑う必要はないと考えています。

私は選手時代、プロの試合に登板して楽しいと感じたことはほとんどありませんでした。試合を後から振り返ってみた時に、「楽しかった」という感覚をようやく得られるというのが正しい反応だと考えています。真剣勝負の試合を多く経験させることで、このような感覚も理解してもらいたいと考えていました。

小川さんには「投手のことは任せるけれども、チーム全体の視点でも考えてくれ」と釘《くぎ》を刺されました。

投手の雰囲気はチーム全体に影響します。投手をいつ交代するかの判断は私に任されていたわけですが、例えば、フォアボールを連発してチームの雰囲気が緩んでくるようなら投手を替えてほしい、と小川さんに言われました。野球は投手だけで行うのではありませんので、チーム全体が集中力を切らさずに、勝ちたいという気持ちを最後まで維持できるかどうかを、小川さんも私も重視していました。

勝っても負けても試合後のミーティングは行いますが、負けた試合では特に厳しく話をしました。敗北そのものを責めるのではありません。負けて悔しくないのかと強く問いかけることで、選手を奮起させたいと考えていたのです。

育成選手はプロではないとはいえ、ホークスの看板を背負っているのです。簡単にアマチュアに負けていいはずがありません。「独立リーグや大学生相手に負けて『悔しい』、『恥ずかしい』、『情けない』といった気持ちを持てなければ成長など望めない」と厳しく伝えます。気持ちの面で弱さが出たり、強気のプレーができていなかったり、緩んだような雰囲気が垣間《かいま》見えたりする場合には、「プライドを持て」、「勝ちに行くという気持ちを前面に出せ」と言い聞かせるのです。結果的に勝ちを摑《つか》んだ試合であっても、「勝って当然」という隙のような雰囲気が感じられる場合は指摘することにしています。

また、相手がアマチュアだからといって、ホークス三軍の方が格上ということはありません。「どんな相手でも全力でぶつかり、こちらの実力の方が上回っているのならば、相手が手も足も出ないぐらいの圧倒的な抑え方を目指さなくてはいけない」と伝えます。

選手全員にとっての成長の場となるよう、試合には常に全力で取り組ませるようにしていますし、「勝ちたい」という意欲を常に持ち続けることが、選手自身の向上心にも繋がっていくと考えています。

努力の質を高める

意識の持ち方で質が変わる

合同自主トレで工藤さんに言われて、今も忘れられない言葉があります。「同じ練習をした場合、俺はお前たちの倍以上の効果を上げられる」というものです。逆に考えれば、私が工藤さんと同じ効果を得るためには、工藤さんの倍以上の練習量をこなさなければならないと言うのです。この言葉には衝撃を受けました。

この差は「意識の持ち方」から生まれるものです。この「意識の持ち方」とは自主トレを通じて工藤さんが最も口を酸《す》っぱくして言っていたことであり、この前後で最も私が変わった点でもあります。それぞれの練習を行う目的を理解すること、そして鍛えたい部分に意識を向けることによって、同じ練習をしても全く成果が違うということが理解できるようになりました。「この練習を何のためにしているのか、どういう効果を見込んでいるのかを考えずに身体を動かしているだけでは意味がない」と工藤さんに徹底的に叩き込まれたのです。

ただし勘違いしないでいただきたいのですが、質の高い練習を行えるということは、基礎体力がきちんとついているということでもあります。先に書いたように回復力が高い若いうちは、ひたすら量をこなして基礎体力を高めていくことも重要です。

また、それぞれのトレーニングを、「これをやったら絶対に上手くなる」と信じ抜いて行えるかどうかも重要だと私は考えています。

ひと昔前までは、科学的な根拠が無いまま、現代の知見からすれば合理的ではない練習が多く行われていました。今の練習の方が明らかに効率的ですし、活躍している選手の中にも「苦しいだけだった過去の練習は無意味だ」と公言する人もいます。コーチも、今の合理化した練習の方がより効果的だと考えている人も多いです。

しかし、私は全てそうだとは考えていません。科学的には無駄だと思えるような苦しい練習をしてきた経験も全てひっくるめて、今の自分が形作られていると思うからです。

自分が行ってきたどの練習に効果があり、どの練習が無駄だったのかを判定することが必要なのです。現代の考え方では無駄だと判断されてしまう練習を積み重ねてきたことがプラスに働いている可能性も決して否定できないと思うのです。

また、現在は正しいとされているトレーニングが、数十年後には別の理論に取って代わられる可能性もあるでしょう。今の理論が最上であるかどうかなど、誰にも判断できないのです。

合理的な練習を否定するわけではありませんが、科学的な視点にばかり囚われてしまうことで気づかぬ内に自らの可能性を閉ざしているのかもしれない、という認識を忘れてはいけないと感じています。

練習の目的を理解させる

練習の質を高めるために、選手には「なぜその練習を行うのか」を必ず説明して、コーチと共有しています。

以前は「千本ノック」と呼ばれていた「特守（特別守備練習）」。やらせる側のコーチもきちんと目的を理解できていなければ、選手にしんどい顔をさせて練習させた気になるという自己満足で終わってしまいます。私は特守を必要な練習だと考えていますが、実施する理由をコーチが正しく認識し、その上で選手にきちんと説明してからやらせることが大事だと思います。

この「特守」の大きな目的は基礎体力、下半身、そしてメンタル面の強化です。様々なスピードの打球があらゆる方向に飛ぶので、それを追いかける選手の身体の動きも非常にランダムになります。ウエイトトレーニングであれば特定の方向にしか身体を動かせませんが、特守では実際の守備動作の中で様々な筋肉を鍛えることができるのです。「選手がフラフラになるまで打球を追わせる意味があるのか」という理由で特守は批判されることもあるのですが、自分の限界まで振り絞らせることで力の最大値を引き上げることができると私は考えています。

ランニングなどの単調なトレーニングでは、限界まで追い込むと心理的な負担が増してしまいますが、ボールを追うという複雑な動きのお陰でしんどさは少し紛れます。そして、そういう単調にはなり得ないトレーニングでフラフラになるところまで身体をいじめ抜くことで、心を鍛えることにも繋がると考えているのです。

このようなことを選手に説明し、理解してもらった上で取り組ませなければ、ただ身体を漫然と動かしているだけということになり、練習の効果は上がらないままになってしまいます。

身体の状態が悪ければ休ませる

身体の状態が悪い時には練習をさせても効果は出ず、それどころかさらに悪化させてしまいます。コーチングにおいて常に気をつけていることですが、これも工藤さんから叩き込まれたことです。

どうも私は「かなり厳しく追い込むコーチ」という印象を持たれることが多いのですが、当然ながら、選手を休ませるべき時はきちんと休ませます。怪我をさせないためでもありますが、身体の状態が良い時の方が練習の効果が高いことが分かっているからです。

日々の選手の状態を見極めながら、「今日は追い込んでも大丈夫な日」、「今日はダメな日」と分けています。一律で行う全体メニューさえ、選手個々の状態次第で止めさせることもあります。以前には、トレーニングコーチが「回復日にしたい」と主張しているのに、技術コーチがノックをバンバンやらせるというような、コーチ間のミスマッチもあったのですが、今はコーチ同士で連携してこうしたことがないような組織にもなっています。

量をこなすことが重要だと言っても、ただひたすらにやればいいわけではありません。きちんと強弱をつけながら、それぞれの選手にとって最大の効果が得られるようなやり方をコーチは考える必要があります。

そしてこれは、選手自身が気をつけることでもあります。コーチの方でもコントロールするのですが、選手自身がオンとオフの切り替えを意識することも重要だということです。常に身体を追い込んでばかりだと疲労が溜《た》まり脳も疲れて、注意力が切れやすくなりますし、パフォーマンスの低下に繋がります。ここぞというタイミングでエネルギーが残っていなければ結果を出すことなどできません。体調を含めた自分の状態を選手自身がきちんと見極め、練習でも試合でも、集中する時とリラックスする時などのメリハリを上手く意識できるかどうかが、上達の鍵《かぎ》となっていくのです。

第3章

努力する力を引き出す

伸びる選手と伸びない選手

与えられたこと以上にやっているか

どういう選手が伸びるのかについては、いくつか要素を挙げることができますが、与えられたメニュー以上に練習していることは、その一つです。

もちろん、コーチが用意したメニューだけでもそれなりには伸びていくのですが、やはりそのスピードは緩やかです。劇的に成長する選手は必ず、自分なりの練習をきちんと行っています。

伸びる選手は、越えなければならない課題に対して自発的に行動を起こすことができます。今の自分に何が足りないのかを見極め、その上でどう行動しなければならないかを自分の頭で導き出せるかが、急成長できるかどうかの分岐点となります。

千賀はまさにその代表的な選手です。

彼はとにかく、上手くなりたいという気持ちが誰よりも強く、さらにその思いを行動に変えていけるのです。日本を代表するような投手となった今でも、千賀の凄《すさ》まじい向上心に感心させられます。どうやったら今以上にもっと成長できるのかということを日々考え、自分なりに行動に移しているのです。

与えられた練習さえやらないのは論外ですが、与えられた練習だけこなし、それ以上自分で考えずに指示を待ってしまう選手は間違いなく伸び悩みます。与えられたことだけやって一流になった選手はいないでしょう。また、独自に何か行動していても、「その程度?」と感じてしまうことがあります。乗り越えるべき課題について、思考の突き詰め方や練習量が圧倒的に足りていない選手が多いのです。

そこで一番チェックしているのは、練習メニューが全て終わった後に何をしているか、です。

全体練習後に、自分に足りないものを補うトレーニングができている選手は伸びていきます。もちろん、コーチに見えないところで練習している選手もいるとは思いますが、そういう場合でも何らかの形で情報は入ってくるものですし、練習しているかどうかは見ればすぐに分かります。

行動が伴っているかどうか

反省ノートでもミーティングでも感じることですが、今の若い選手は、何か意見を言わせたり、質問に答えさせたりすると、非常に聞こえの良いことを言います。発言内容だけで判断するなら、一流選手にも引けを取らないかもしれません。しかし、口にしたことを行動に移しているかと言えば、そうでもないようなのです。

「これが恐らく正解だろう」という発言をすることには非常に長《た》けているのですが、行動が伴っていない選手が非常に多い。彼らの返答は、「何か言わなければならない」という状況に対応しているだけのことで、「自分が良くなりたい、成長したい」という気持ちからのものではないということだと思います。どれほど「こうなりたい」「ああしたい」という考えが頭の中にあっても、そこに向かって行動を起こせていないのであれば、何も考えていないのと同じでしょう。

反省ノートを書かせていた頃、「コーチに提出する用のノート」と「自分だけが見る用のノート」を分けている選手もいました。伸びていく選手は、誰かに言われずとも自分なりに元々必要なことを書き留め、考えをまとめているものなのです。課題や今後やるべきことを自発的に見出《みいだ》していれば自分から行動に移していくものですし、成長するのも当然だと感じます。

また、試合に負けたり思うようなプレーができなかったりした時に、悔しい、情けないという感情が自然に湧き上がるものだと思いますが、中には、その気持ちを行動に変換できない選手もいます。試合で何か失敗した後、すぐに帰ろうとする選手は伸び悩むことが多いです。悔しいという感情をエネルギーにして、修正したい、改善したいと奮起して練習に取り組めるかどうかも非常に重要です。

どれだけ内に秘めたものがあっても、それが行動に現れない限り、上達することはありません。自ら行動を起こしているかどうかという点は、重視するようにしています。

限界突破論

伸びていく選手は日々、自分の限界を超えようとしています。自分の限界を高めていくためには、日々の練習においてその時点での最大値以上の力を振り絞っているかどうか、が非常に重要です。私はこれを「限界突破論」と名付けています。

例えばランニングで追い込む練習メニューの場合、足の速さは人それぞれ違うので、全体に設定した目標タイムに入れているかどうかはそこまで重要ではありません。それよりも、その時点で出せる力を全て出し切って走っているかということの方が遥《はる》かに大事です。全力を出し切っていれば、歩くこともできずに倒れ込んでしまうはずです。練習では、選手のそういう部分をよく見るようにしており、限界まで追い込めていないと感じられる選手に対しては、厳しく伝えるようにしています。

限界まで力を振り絞れているかどうかは、選手本人が自覚できていないこともあります。気持ちの面でしんどいと感じてしまうことで、体力的にはまだ余裕があるのに身体を動かせない状態に陥ってしまうのです。だから選手にはいつも、キツくて限界だと感じた時に、さらにもう一歩だけ力を出す意識を持とう、と伝えるようにしています。

そして、そうした時にきちんと聞く耳を持てるかどうかも重要です。

なかには、「僕なりには全力を出し切っています」「限界まで頑張るとか得意じゃないんで」というような意識で、コーチの言葉に素直に耳を傾けずに行動を変えない選手もいます。結局それでは、いつまで経っても力の底上げはできないままなのです。

しんどいから全力を出し切った、という風に考えてしまうと、限界値はいつまで経っても高くはなりません。選手の力を引き上げるためにも、毎回体力的な限界を超えさせるという点を意識しています。

「合理的な練習」の限界

「限界を超えて振り絞る」ことを習慣化するためには、現代の「合理的な練習」だけでは上手くいかないでしょう。

合理的な練習のお陰で、選手のパフォーマンス自体はレベルアップしています。それは間違いないのですが、しかし、自分の限界まで突き詰めることが難しくなるのも事実です。

ひと昔前までは、いわゆる「千本ノック」のようなヘトヘトになるまで追い込む練習をやらせていました。今では、このような練習には全く意味がないと主張する人も増えてきていますが、先にも述べましたが、私は決してそうではないと考えています。

相手との勝負であるスポーツにおいては、様々なプレッシャーが掛かります。だから、自分のペースで戦えることなどほとんどありません。そして、そういう厳しい状況、土壇場の場面でどれだけ力を発揮できるかは、普段の練習の時点で同等の経験をし、習慣化できているかどうかにかかってくるのです。

合理的な練習ばかりでは、限界まで力を振り絞ることが難しいだけではなく、心理的にも自分のペースを崩さずに行うことができてしまいます。しかしそれでは、「限界を超えて振り絞る」という癖はつきません。自分のペースでしか練習できない選手は、精神的に非常に脆く、窮地で自分の力を引き出すことができないのです。

だから体力的にひたすら追い込む練習も、きちんと意図を持ってやらせるのであれば、必要な練習と言えるのではないかと私は考えています。

練習に目的意識を持っているか

選手によっては、なぜその練習をしているのか考えることなく、与えられたメニューだからこなしているだけという雰囲気を感じることがあります。また、集中力を欠いていて、とりあえずやっているだけという風に見える選手もいます。しかしそれでは練習の効果は低いままですし、どれだけ量を多くこなそうが成長にはなかなか繋がりにくいものです。

目的をきちんと意識しなければ正しく身体を動かすことはできません。誤ったやり方では何度繰り返してもただ疲れるだけで効果はない、ということを選手に伝えるようにしています。どうせ同じトレーニングを行うのであれば、効果が高い方が当然良いわけなので、目的をしっかりと意識することで質を高められるのだということを、繰り返し話します。

また、常に練習の目的を意識することで、与えられたメニュー以外に今の自分にどんなトレーニングが必要なのかを考える習慣も身につくでしょうし、そういう考え方を持つ選手が増えていくことで、意識の低い選手が目立つようにもなります。

こういう環境においては、意識の低かった選手も良い方向に引っ張られるようになり、結果としてチーム全体の意識も向上していくと考えています。練習環境が成長の場としてきちんと機能するためにも、選手一人ひとりに練習の目的を理解させることを重視しています。

変化を受け入れられるか

伸び悩む選手のなかには、昔の自分との比較に終始してしまう人もいます。

「昔の自分はここまでやれたのに、今は同じことができなくなってしまった」というように、かつての良かった自分が基準になってしまうことで、練習しても成果が出ていないと考え、決して悪くない状態にあるのに調子が良くないと判断してしまうことになるのです。

もちろん、昔の自分に追いつこうとする努力も必要ではありますが、「変化は当たり前だ」と受け入れることも同じくらい重要です。筋力や体力が年々衰えていくのは当然のことですし、技術面や精神面についても、昔と変わらないということはないはずです。その事実を受け入れられず、昔の良かった自分に支配されたままでは、成長していくことは難しいだろうと思います。

だから、過去の自分は諦《あきら》め、今の自分を受け入れることが必要です。

選手時代の私もこの点で非常に苦労しました。一軍で良い成績を残した翌年に調子を崩すことが多かったのですが、それは、前年の良いイメージが残っているために、今の自分の状態が悪く感じられてしまったからです。周囲の人は良い調子だと言ってくれるのですが、自分としては最高の状態ではないことが分かっているので、前年の良かった自分に近づけようとしてしまいます。周りから、なぜ今の状態で満足しないのかと言われるほど、決して調子は悪くなかったのですが、もっともっとと追い求めたことで深みに嵌《は》まり、結果として力を出し切ることができなくなってしまったのです。

現役時代、印象的だったのが斉藤和巳《さいとうかずみ》です。

二十勝した翌年の斉藤は、恐らく前年のイメージに囚われていたのでしょう、やはり調子は良くありませんでした。登板二日前のピッチングや試合前のブルペンでの様子を見ていましたが、球は全く走らず、キレも非常に悪かった。斉藤自身が、中学生ぐらいの球しか投げられていないと嘆くような状態でした。

しかし、試合では人が変わったような投球を見せるのです。その後も、ブルペンでの調子は変わらないのに、試合では勝利するという彼の姿を何度も目にしました。彼は不調を抱えながらも、マウンド上では、前年のイメージを追うのではなく打者との勝負に徹したことで、状態の悪さを乗り越えていたのだと思います。

かつての自分に近づけることに多くの時間を費やすよりも、今の自分の状態のまま最大のパフォーマンスを引き出すことに注力した方が成果は上がります。成功体験を手放すことは難しいものですが、今の自分を受け入れた上でベストを尽くせるようにと選手を導くようにしています。王貞治《おうさだはる》さんは現役時代、今年はこの自分で勝負すると、毎年違ったスタイルでシーズンに臨んでいたと話していましたが、そういう意識を選手にも持たせるようにしています。前年の自分はあくまでも過去のこと、今年は今の状態でどう戦っていくかという思考に切り替えた方がいい、とアドバイスをします。

追いかけるのはそれまでの自分ではなく、今の自分の状態で目指すことができる最大の到達点であるべきだと考えています。

努力は報われる

意識が変わるきっかけとなった試合

自分の実力の無さを痛感させられた試合があります。

私はプロ一年目から「開幕一軍」を勝ち取りました。とはいえ、五試合投げた後でファームに行くことになるのですが、そのファーム落ちが決定した試合で、不名誉な日本記録に関わる一人となってしまったのです。

毎回失点、〇対二十一という大差で負けた試合であり、対戦相手だったライオンズの当時の一試合最多安打記録となった試合です。敗戦処理のような雰囲気の中、私は七回から登板しました。悪い流れを食い止めようと意気込んでマウンドに上がりましたが、全く何もできませんでした。六回の時点で〇対十二だったので、私一人でかなりの大量失点をしたことになります。相手の二十九安打中、実に十一安打を私が浴びてしまいました。

試合後のミーティングでヘッドコーチから、「お前はファームに行け」と皆の前で怒鳴られました。その時、自分の実力の無さをはっきりと自覚したのです。

翌日からはファームで、このままでは今後もずっと一軍で活躍することはできないだろう、本気で一軍定着を目指すためには何をすべきだろうかと真剣に考え始めました。当時は１４０km台後半のストレートを投げる投手は少なかったこともあり、ストレートはチームでもトップクラスでした。しかし、ストレートとスライダーのキレだけでは抑えられないと気づき、変化球を一から見直した結果として、それまでのスライダーを捨てて、新たなスライダーの習得に取り組む決断をしたのです。習得には数ヶ月掛かりましたが、そのお陰で夏には一軍復帰もできましたし、その後は良い調子を取り戻せました。

プロ入りできたことで安心していたつもりはありませんが、不甲斐《ふがい》ない結果を出してしまったことでより真剣に練習に取り組み、自分の目指した未来に近づこうと決心することができた試合でした。

努力すれば、いつか必ず〝どんな形であれ〟報われる

私の座右の銘は、「努力すればいつか必ず報われる」です。

こういう話をすると、「努力しましたが報われていません」という反応が返ってくることもあります。成功していないと感じている方は皆さんそうおっしゃいますが、この座右の銘には実は足りない言葉があります。

「努力すればいつか必ず〝どんな形であれ〟報われる」が本当の私の座右の銘です。自身のこれまでの経験からそう考えるに至りました。

子供の頃からプロ野球選手になるのが夢で、そのために死にものぐるいで努力をしてきました。大学三年生までは比較的順調でしたが、大学四年生の時に大きな躓《つまず》きを経験します。後から聞いた話ですが、三年生の時点では、各球団ともドラフト一位相当の評価をしていただいていたそうです。しかし四年生で大スランプに陥り、自分の投球さえ見失ってしまうまでになりました。実際、ほとんどの球団が評価を下げ、ドラフトに掛かるか掛からないかギリギリというところまで落ちてしまいます。

しかし、そうした状況でもホークスのスカウトの方が評価をしてくださり、ドラフト四位で入団することができました。「四位」の評価は、練習に取り組む姿を見ての判断だったと後で聞きました。「確かに今は調子が悪いが、昨年はあれだけ投げられていたのだし、練習も熱心にやっているのだからきっと調子を取り戻すだろう」と考えてくれたのです。

プロ入りしてからも一流選手になりたいと思って努力を重ねましたが、最終的に自分の理想とするような選手には到達することはできませんでした。戦力外通告を受け、その後トライアウトに挑戦するも、ここで私のプロ野球人生は終わりを迎えます。このトライアウト挑戦前、実はホークスから育成コーチの話をいただいていました。ただ、現役を続けたかった私は「ホークスとは縁が切れることを覚悟でお断りさせてもらいます」とはっきり伝え、トライアウトに向けて退路を断ちました。

しかし、トライアウト後にどこからも声が掛からなかった私は、ホークスから今度はフロント入りの打診をいただくことになります。断った相手からまた声を掛けてもらえるなんて、これ以上ないほどありがたく感謝する話だと今度は即答しましたが、これもまた、プロ野球選手時代の努力を見てくれたからではないかと私は考えています。

このように私の人生は、望んだような形では努力が実らないものの、その努力を評価してくれたことで進むべき道が開けていきました。だからこそ、「努力すればいつか必ず〝どんな形であれ〟報われる」を座右の銘と定めているのです。講演などでもよくお話しさせていただきますが、アンケートを読むと、この言葉が一番響いたという感想を多くいただきます。

また努力ということについては、王貞治さんの言葉も印象深く、今も覚えています。

私は王監督の下で選手時代を過ごしましたが、常々、「報われないうちは努力ではない」と話していました。努力したのに効果が出ない、成績が良くならないと思うかもしれないが、報われたという実感が持てないのであればそれまでの行動は本当の努力とは呼べない、という意味です。努力したのにダメだったのではなく、努力が足りないだけなのだと常日頃から選手に言い続けておられ、その言葉はとても響きました。

私は常に、自分が指導している選手は全員一軍に昇格させたいと考えています。そして、その実現のために力を引き出すのがコーチとしての役割だと考えています。

しかしながら、現実には努力が「一軍でプレーする」という形では報われないことも残念ながらあります。たとえそうだとしても、それまで費やしてきた努力は決して無駄ではないと伝えることで、選手の全力を引き出したいと考えていますし、その努力はいつか違う形で報われると思っています。

努力しなければすぐダメになる

現役だった時代から、才能がありながら努力を怠ったために活躍できず、表舞台に立てなかった選手を数多く見てきました。

プロの世界に入る前まででであれば、センスだけでもある程度までは上がっていくこともできるでしょう。しかし、本当の勝負はそこから始まります。

プロというのは、一流選手が現状に満足せずに日々鍛錬を続けている世界です。そうした一流選手を、私はこれまで間近で見てきました。一軍で最多勝を獲るような選手ほど、もっと自分を高めたいという向上心がずば抜けているものです。どうやってプロになるのかということ以上に、プロに入ってからどこまで上積みできるかが勝負になります。最初こそ勢いよく活躍しても、この程度の練習で悪くない成績を残せるのだという甘い考えを持ってしまえば、すぐに置き去りにされてしまいます。また、練習への取り組みが甘いことで怪我を誘発し、その才能が発揮できなくなるということも起こり得ます。

私は、子供の頃から憧《あこが》れ続けたプロ野球選手になれたものの、それからは正直なところ野球が好きではなくなりました。それは、「部活」から「仕事」に変わった、という意識の変化が要因です。結果を出さなければプロの世界では生き残れないというプレッシャーを日々感じていたので、それまで以上に練習に励みました。私のプロ野球人生は好不調の波が大きく、かつ、不調の期間の方が長かったのですが、それでも十一年間プロの世界で戦えたのは、最後の最後まで努力を惜しまなかったからだと思っています。

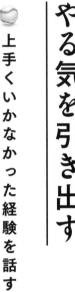

やる気を引き出す

上手くいかなかった経験を話す

ファームにいる選手は、練習をしても望んだ通りには伸びず、今まで当たり前に行えていたことができないという状態にあります。そういう選手には、私の上手くいかなかった経験を話すようにしています。大学四年生でスランプに陥りギリギリドラフトに引っ掛かったこと。一軍と二軍を行ったり来たりしていたこと。何度も怪我に悩まされたこと。戦力外通告を受けた後のトライアウトで声を掛けてくれる球団が無かったこと。

こうした「好調」とは言いがたい経験を話しつつ、そうした時にどう考え、どう行動したかを伝えるようにしているのです。私の指導の仕方は、練習方法などを提示すること以上に、まずメンタル的な部分で共感してもらい、その上で、「倉野さんにもできたのだから自分だって」と奮起してもらうことに重点を置いています。

これまで多くの選手を見てきましたが、挫折《ざせつ》を味わわずに高いレベルに辿《たど》り着いた人はほとんどいません。

壁にぶつかった時に、自信を失ったり落ち込んだりすることで前に進んでいけないと感じる気持ちはよく分かりますが、その悔しさや情けなさを糧にして必死に練習に取り組めるかどうかがその後の成長を大きく左右します。挫折を停滞ではなく、自分が変わるチャンスだと捉《とら》えられる選手は大きく成長していくというわけです。上手くいかなかった自身の経験を話すことで、辛い時期を踏ん張って乗り越えるのだと感じてもらいたいと思っています。

ここまで私がコーチを続けてこられたのは、選手時代に順風満帆ではなかったお陰です。コーチの中には、選手時代に大きな苦労や挫折を経験せず、ほとんど二軍落ちしたこともない一流選手もいますが、そういう人には、伸び悩んでいる選手の心情が理解しにくいでしょう。

私は、選手としては一流になれませんでしたし、山よりも谷の方が圧倒的に多い選手人生でしたが、一軍で活躍できた時期もあります。そういうアップダウンの激しい経験をしてきたお陰で、様々な選手の気持ちが分かるようになったと考えていますし、そのことが今となってはコーチとしての強みになっていると感じています。

目指したい地点を確認する

選手と話をする際は、今後どうなっていきたいかを聞くようにしています。

そこには、現状に満足していないことを確認する意味合いもあります。特に、モチベーションが下がっていると感じられる選手に対してのアプローチは重要です。モチベーションを高く持って臨む方が、同じ練習であっても明らかに効果が高いと考えているからです。

練習での取り組みや試合の様子などから現状に満足しているように見えてしまう選手

には、何を目指しているのかを聞き出します。ほとんどの選手は当然ながら、なりたい未来像を語ります。ただ、そこで私は「このままでは絶対にそこには辿り着けない」、「ホークスで二十年以上選手を見てきて間違いなくそう断言できる」とまで伝えています。

日々の辛い練習の中で、自分がどこを目指しているのか見失ってしまうことがあります。そこで意識的に目標地点を思い出させることで、取り組む姿勢が変わったり練習の効果が上がったりすることがあるのです。成果が出ない要因は、目標があっても行動が伴っていないという場合がほとんどなので、目標を意識させて発破を掛ける必要があります。

私にも、目標がはっきりしたことで成長のスピードが早まった経験があります。私は中学二年の冬までずっと、捕手をやっていました。投手への憧れは長い間持っていましたが、子供の頃は太っていて動きが鈍かったこともあり捕手につくことがほとんどでした。しかし二年の冬にエース投手の転校が決まったことで、私にもチャンスが巡ってきたのです。投手のための練習などそれまで何もしてこなかったのですが、ずっと念願だったポジションにつけたことで練習の成果も出たのだと思います。実際、投手になって最初の大会で地区優勝を果たし、その後の夏の県大会では三位まで進むことができました。やはり目指すべき場所を明確にすることは重要だと言えるでしょう。

どうなりたいのかと聞くと、時々ではありますが、現状に満足しているかのような返答をする選手さえいます。そういう選手には「そのまま頑張りなさい」と声を掛けるしかありません。今以上の高みを目指していないということであれば、いくら練習をしても成長は期待できないからです。ただし、それでは指導者としての役割を十分果たせていないとも思いますので、「あなたにはもっとこういう可能性もある」というように、その選手の視界に入っていないだろう未来の選択肢を提示することもします。

指導者にとって、選手の士気をいかにして上げるかは避けて通れない課題です。目指すべきことは、選手一人ひとり違います。目標を意識させるだけではなく、練習の意義を再認識させたり、悩みを聞き出したり、高みを目指すことで得られる喜びについて語ったりすることも必要でしょう。どんな状態にいる選手であってもモチベーションを高められるようにコーチ自身も日々の勉強は欠かせませんし、幅広くアンテナを張って情報を取り入れていかなければなりません。

現状と課題を把握する

プロ野球選手になるための逆算思考

人生における決断の場面で、私は「逆算思考」を意識してきました。まず到達点を定め、そこに辿り着くためにどういう段階を踏むべきか逆算して行動に移す、という考え方です。何より私は、プロ野球選手になるという目標を達成するために、進むべき道を逆算思考で組み立ててきました。

中学三年の時に県大会で三位に入賞することができたので、周辺のいくつかの野球強豪校からスポーツ推薦の話をいただきました。しかし、私は推薦を断って受験することを選びます。その時に考えたことは、「高校からプロ入りできるだろうか」ということでした。

当時、三重県からプロ入りする高校生は数年に一人という状況でした。その時点での実力も併せて考えた結果、高校からプロを目指すのは自分には無理だろうと判断したのです。高卒で目指すのではなく、大学に進学しそこで目立つ成績を残してプロ入りする方が現実的だと判断しました。そして、大学進学のために三重県の地元の進学校を目指すことに決めます。

大学を選ぶ際も、プロ入りという目標を考慮しました。「大学からプロを目指すなら、神宮球場で試合ができる大学に進む必要がある」と当時の私は考えました。だとすれば東京六大学リーグか東都リーグの大学ということになります。

その中でも私は、慶應義塾大学に進みたいと考えていました。私がいた宇治山田高校の先輩に、指定校推薦で慶應義塾大学に入学し、首位打者を獲った選手がいたのです。そのこともあって、高校一年生の頃には既に慶應義塾大学に狙いを定めていました。一枠しかなかった慶應義塾大学への指定校推薦を勝ち取るために、テスト勉強を乗り切り、必要最低限の評点をクリアするというのが高校生活での目標になったのです。

このように、常に到達点から逆算するという考え方をしてきました。この考え方は私の人生にとって非常に有益なものになりましたが、プロへの道はそう簡単にはいきませんでした。高校二年の時点で最終候補の二人まで残ったものの、慶應義塾大学への指定校推薦は落選してしまったのです。

しかしその後、高校三年の夏の大会で大きな番狂わせが起こります。

一回戦負けが当たり前のようだった進学校でありながら、甲子園大会の地方予選の決勝まで残ったのです。一試合で四つ五つエラーを出すのが当たり前だったチームが、大会を通じてなんとたった一つだけ。私ともう一人の投手と二人で決勝まで無失点で勝ち上がるという、神がかった試合運びでした。

宇治山田高校は実は、甲子園大会の第一回大会に出場しています。あと一勝で七十七年振りの甲子園出場という状況に地元は大いに盛り上がりますが、延長戦までもつれ込んだものの結局負けてしまいます。しかしそのお陰で大学からスポーツ推薦の声が掛かり、その後大学からプロ入りすることができたのです。

常に望んだ通りに進めるわけではないのですが、それでも、プロセスを逆算して想定するという考え方は、コーチになった今も大いに活かされています。

課題を明確にする

ハードなトレーニングを積み重ねていく上で、課題が明確になっているかどうかは非常に重要です。今はここに対処しなければならないという点がはっきりしていれば努力できる、という選手の姿を日々目にしているからです。しかし、育成段階の選手は特に、自ら課題を見つけることが得意ではない場合が多いです。子供の頃から当たり前のように努力を続けてきた選手であれば、課題の発見は自然と行えるかもしれませんが、それができる人ばかりではありません。

私も、プロ入りしてから課題の設定が非常に難しくなりました。プロ野球選手になることが私にとって一番の目標であり、プロ入りした時点でその目標を達成してしまっていたからです。もちろん、「一軍で先発ローテーションに入り、毎年十勝する投手になる」という漠然とした目標は持っていました。しかし、「プロ野球選手になる」という目標と同じ熱量で、プロ入り後の目標に向き合うことができませんでした。そのため、日々の練習で越えていくべき課題を設定することを困難に感じました。「一軍で少しでも長く投げたい」という程度の気持ちしか持てずにいたので、さらに強い目標があれば、もう少し活躍できていたかもしれないと考えることもあります。

だからコーチとして大事にしていることは、選手が目指している目標を常に意識させ、そこに辿り着くための日々の課題を明確にしてあげることです。課題さえはっきりすればそこに行き着くためにしなければならないことも明確になりますし、課題に対して何をすればいいか分からなければコーチに聞くこともできるようになります。課題設定を日々行うことで、課題が明確になっていないが故に動き出せない、という状態を作らないことを重視しています。

また、与えるべきは課題ではなく休養だということもあるでしょうし、選手に対するアプローチにしても、厳しくすべきなのか優しく寄り添うべきなのかは状況によって変わってきます。

大事なことは、常にその選手の目指すべき目標に対して、「逆算」をして指導を行うということです。感情的に判断するのではなく、普段から選手を冷静に観察し、今何が必要なのかを見極めようと心掛けています。そうすれば、指導者のアプローチすべき「答え」が見つかると考えています。

選手に考えさせる指導

課題の設定に際してはまず、選手からしっかりと話を聞くことを重視しています。コーチのなかには、選手の話を聞かずに最初から自分の意見を口にしてしまう人もいるのですが、私はまず選手に喋《しゃべ》ってもらうことから始めます。

今の選手たちは、日々多くの情報に触れていることもあってか、問われたことに対する返答はもの凄くしっかりしています。先に書いた通り、話の論点を読み取って「求められている正解」を返すのが巧みなのです。しかし、それでは意味がありません。場合によっては、先手を取って私の方から話をすることもありますが、まずは選手の気持ちや思いを聞き出すことに重点を置きます。その上で、コーチとしての意見を伝えるのです。それから短期間で達成すべき目標の設定に移り、長くても一ヶ月先の到達点を選手と共に話し合って決めます。

大事なことは、目標を一方的に押し付けるのではなく、選手に考える余地を与えることです。今自分がどういう状態であり、何が足りず、どれぐらいの期間でどこまで目指せるのかなどについて、選手自身が考えて明確にすることで、何をしなければならないかを理解させる必要があると考えています。

またコーチの中には、「これを取り入れるかどうかは自分で判断したらいい」という言い方をする人もいるのですが、私はそのやり方をあまり推奨できません。なぜならその行為は選手を惑わすことにも繋がるからです。選手の意向を無視して一方的に押し付けるような指導はすべきではありませんが、最終的に判断するのは選手自身であるとしても、コーチは自信を持ってアドバイスするべきでしょう。

選手に迷いを抱かせずにトレーニングに打ち込ませることが重要です。コーチとしてアドバイスを間違えることももちろんありますが、その時は素直に修正すればいいだけです。指導者の迷いは、選手にも伝わります。選手に考える余地は与えつつ、コーチは自分の信じるやり方を明確に伝えなければならないのです。

明日何をすべきか分からないまま帰さない

課題は試合を通じて見えてくることもあります。だからこそ、試合後のミーティングは特に重視しています。ミーティングで最も大事にしていることは、「明日何をしたらいいか分からない状態では家に帰さない」ということです。

試合で調子が良かった選手はそのまま放っておいても問題はないのですが、調子が悪かった選手とはしっかり話をします。試合中の選手の感覚を個別に聞き、私が見て感じたことも伝え、それらをふまえた上で課題を洗い出します。技術的な部分に問題がありそうだと感じれば、選手と共にその日の試合のビデオを見てチェックを行います。その上で、コンディションの作り方、試合までの練習方法、練習に取り組む姿勢、マウンド上のメンタルの整え方などをどうしていけばいいかという話をします。そうやって、上手くいかなかった今日を改善するために明日何をしなければならないのかを理解してもらうのです。

ただし、あまりにもボロボロの状態でマウンドを降りた投手の場合、何も話せなくなってしまうことがあるので、その日はそのまま帰しクールダウンさせ、聞き取りなどを翌日に回すこともあります。選手の状態に合わせて臨機応変に行っています。

基本的に試合後のミーティングは毎回行い、今日の不出来を明日に持ち越さない、引きずらないということを徹底しているのです。

一年区切りで目標を逆算

育成選手の日々は、常に時間との戦いです。育成選手に対して、複数年の契約期間を提示することは基本的にありません。どれだけ努力しても、一年で球団を去らねばならないこともあります。だから私は、「一年」を最低限の期間と考え、一年後にその選手をどこまで引き上げたいのかという到達点から日々のメニューを構築するようにしています。

その際に重要なポイントは、一年後の目標に辿り着くための目先の課題を日々提示し続けることです。一年後の到達点というのは、現在からすれば非常に遠く感じられるものです。だから、その到達点に向けて努力しようと伝えるだけでは選手はなかなか動けません。そこで私は、より短期的な目標を常に選手に与え続けることで、選手の努力を引き出したいと考えています。目先の目標を提示し、さらにそれらが一年後の到達点とどのように繋がっているのかを理解してもらうことが非常に重要です。

選手とは常にコミュニケーションを取り、「今週中にこの点は改善しよう」、「この部分を直す必要があるからまずこれをやろう」というように伝えることで、今日明日何をすればいいのかで迷わせないように心掛けています。

結果より過程を評価する

結果はすぐには出ない

目標設定について選手と話をする際は、練習の成果はすぐに出るものではないということも併せて伝えるようにしています。

選手はどうしても即効性を求めてしまいがちですが、能力が開花するまでにはやはり時間が掛かります。練習やアドバイスが上手く適合してすぐに効果が出ることも時にはありますが、一日二日で目に見える結果が出るようなことは普通はありません。というよりも、それまでの努力が積み重なることで一気に変わることが多いのです。

私も経験したことですが、球速であれば、日々少しずつ速くなっていくのではなく、ある日突然大幅に上がるという形で変化が起こります。だから、すぐに効果が出なくてもやり続けたらこう変わる、という見通しも話すようにしています。

努力し続けるためには、体力だけではなく精神力も必要です。求めているものが今備わっていないからこそ努力をしなければならないのであって、手に入れるまでの道のりは我慢との戦いになります。これさえやれば誰でも１００％成果が出るという練習方法は存在しません。それでも、必ず結果は出るという気持ちを持って努力し続けることで良くなる可能性が生まれてきますし、結果的にその練習が回り道だと分かったとしても、それまでに費やした時間は決して無駄にはならないと考えています。

中学時代、隣町で行われていた野村克也《のむらかつや》氏の講演を聞きに行ったことがあります。その中で野村さんが、「花はいつ咲くか分からない。今、下手《へた》でも高校で伸びる人もいるし、大学やその後で開花する場合もある」と言っていたことが今も記憶に残っています。講演会から帰るやいなや、私は母に「これから努力し続けてプロ野球選手になる」と宣言しました。母にとっては非常に印象的な出来事だったようで、息子がプロ野球選手になれたのは野村さんのお陰だと今でも感謝しています。

プロ野球選手になった人が全員、小さい頃からレギュラーだったわけではありませんし、高校まで控えだったというプロ野球選手もたくさんいます。どこでどう自分の能力が開花するかなど誰にも分からないので、諦めずに向上心を持って努力を続けることが大事だと選手にも伝えるようにしています。

私は大学入学当時、練習にさえ全くついていけませんでしたが、諦めなければ成果は出ると信じて練習を続けたことでプロ入りできました。そんな自身の経験を伝えながら、時間は掛かるけれどもやればできるという実感を持って練習に取り組んでもらいたいと考えています。

コーチは評論家ではいけない

私が常に意識していることは、選手の出した結果は責めないということです。どれだけフォアボールを出そうが、どれだけ打たれようが、結果そのものについて怒ることはありません。昔のコーチは、悪い結果を出したことに対して叱責することで奮起を促そうとするのが当たり前だったと思いますが、私はそのやり方は間違いだと考えています。コーチは、結果の是非を判断する評論家になってはいけないのです。やらなければならないことを怠ったり、気持ちの面で隙があるなど、結果に至る過程で努力が足りなかったり、気持ちの部分が影響していると判断した場合にのみ責めるようにしています。

ファームにいるということは、まだ実力がなく結果が出ていないということです。そういう環境において、「結果が出ないこと」そのものを責め立ててしまうことは、選手にとってはあまりに大きな負担です。悪い結果が出た時に大事なことは、どうしてそうなってしまったのか、その原因をどう改善していくのかについて、共に考えることです。コーチは、実力がまだ備わっていない選手と共に歩んでいるという姿勢を失ってはいけないと考えています。

試合の結果が悪い場合に罰走させるケースが過去にも見受けられましたが、罰走は正しくないと私は考えています。選手を走らせることそのものは大いに賛成です。試合で調子が悪かった選手に、今日の結果を忘れるぐらい汗を流してこいと声を掛けて走らせるならいいでしょう。しかし、悪い結果を出したことに対するペナルティとして走らせるという考えは危険だと考えています。

勝負というのは相手がある話。自分の努力だけで結果を決められるわけではありません。だからこそコーチは、結果ではなく過程を評価しなければならないと考えています。

打ちのめされた時がチャンス

選手の努力を引き出すためには、タイミングを上手く図ることも重要です。

「努力しろ」と口に出して言うだけなら誰でもできます。しかし、努力する習慣が身についていない選手が、そう言われるだけで行動に移せることはほとんどありません。普段から努力するよう発破を掛けてはいますが、何かきっかけがないと、自分の努力が足りないことや、努力の余地がまだ残っていることに気づけない選手も多くいます。

だからこそ、選手が打ちのめされたタイミングを逃さないように心掛けています。試合で大失敗をしたり、滅多打ちされたりした時こそ、理解してもらうべきことを伝えるチャンスです。そういう意味でも、日常的に試合に出場する機会を得られる三軍制が重要になってくるのです。

アマチュアの世界では、トーナメントで敗退すればそこで全てが終了ということが多いので、致命的な失敗をいかに避けるかという発想になりがちでしょう。しかしプロの世界では、今日失敗したからといって終わりではありません。いくらでもやり直しがきます。だから、失敗した選手とは徹底的に話をし、普段だったら聞く耳を持たないだろう、その選手が乗り越えるべき課題について言い聞かせます。失敗した直後というのは、どんな選手も謙虚になりやすいものです。指摘したいことがある投手が試合に出ている時には、今回は失敗した方が変わるきっかけになると思ってベンチで見ていることもあります。

どんな選手でも、ずっと上り調子で挫折がないということはありません。だから、挫折を経験した時にどうアプローチするかをとても大事にしています。そして何よりも、失敗した時に選手本人がどう行動するかが決定的に重要です。どれだけ失敗を積み重ねても諦めずに努力を積み重ねられるかどうかが、選手の成長を大きく左右するのです。そのサポートとなれるよう、失敗した時をチャンスと捉えて、選手と向き合う意識を強く持つようにしています。

第4章 その努力に寄り添う

4

選手と共に歩む

三軍コーチの役割は教師

以前、教師の方とお会いして、ゆっくり話す機会がありました。お話を聞いて、教師と三軍コーチは非常に似ていると感じました。

一軍コーチと三軍コーチでは、同じコーチでも役割は全く違います。一軍コーチというのは、極端な言い方をすれば「技術屋」です。技術を高めるサポートをどう行うかが求められます。しかし、三軍で同じことをしてはいけません。なぜなら、二軍にはいろんな立場の選手が混在していますが、選手を育成することがメインである三軍では、コーチにまず求められる役割は「教育」だからです。高卒・大卒の選手にとっては、ホークスの三軍が初めて社会に出る場となります。だからまず、社会人としての在り方から教育していくことが大切なことでもあるのです。それこそ、「お金をいただくとはどういうことか」という初歩の話から伝えるようにしています。

一軍では、技術の習得や日々の調整に追われて、なかなか教育まで手が回りません。だから、三軍できちんと教育を行ってから一軍へと昇格させたいと考えています。そういう意味で私がしていることは、教師の仕事に通じるものがあると感じました。

しかし、三軍コーチと教師では大きく異なる点もあります。コーチの場合、指導するのは「プロ野球で活躍したい」という同じ目標を持つ選手たちです。しかし教師が見ているのは、性別も価値観も育ってきた環境も全く違う生徒たちですので、それを一人でまとめていくのは私には大変難しいと感じましたし、教師という仕事の大変さを改めて実感しました。

教師と同じようにとはいきませんが、三軍コーチは指導者である前に教育者なのだという自覚を持って、これからも選手と接していこうと考えています。

選手全員を救いたい

私はコーチとして常に、自分が見ている選手全員を一軍に上げたいと考えています。昔のコーチは、自分の感覚に合う選手、言うことを聞く選手だけきちんと指導し、そうでない選手は相手にしないということがありました。選手時代、そのようなコーチをホークスに限らず目にしましたが、指導者として不適格だと感じます。

野球に限りませんが、教えやすい人を育てることが指導者の役割なのではありません。むしろ、コミュニケーションが取りにくく教えるのが難しい人を育てられることこそが、指導者として求められる才覚ではないかと考えています。そういう指導者を目指そうと、コーチ就任を決めた時に決意しました。

私は、指導している選手は全員救いたいと思っていますし、全員を一軍で投げられる投手にするために努力を惜しまないと決めています。なかには「この実力ではプロでは通用しないかもしれない」というレベルの選手もいます。そういう選手であっても、何とかして能力を引き出してあげたいと考えており、私の方から諦めてしまわないように心掛けています。

選手本人が希望を捨ててしまえばそこで終わってしまいますが、可能性が一パーセントでもあるのなら、私は途中で諦めることはしません。コーチングの手法として選手を突き放すようなやり方をすることも時にはありますが、選手の成長を根気強く信じ抜いて、常に寄り添って共に前進していく意識を持つようにしています。

上達のためなら遠慮はするな

「全員を一軍に上げるために努力を惜しまない」と決めているので、選手には常に、私の時間はいくら使ってくれても構わない、と伝えています。

何をしなければならないかが分かっていても遠慮してしまう選手はいます。例えば、練習を手伝ってほしい時に、「さすがにあの人に頼んだら悪いだろうか」という風に考えてしまう気持ちも分かりますが、それはもったいないと感じます。自分が上手くなるためだったら他人を使ってでも貪欲にやれ、と言い聞かせています。そのような姿勢が見えない選手は、なかなかプロでは通用しないでしょう。

私は日々、誰よりも早く球場へ行き、誰よりも遅く帰ります。いつでも選手の相談に乗れるようにするためです。今はスマートフォンがあるので、電話でもメールでもいつでも連絡してきてもらって構わないとも伝えます。時間を使わせては申し訳ないと考えてしまう優しい選手は一定数いるのですが、自分が上手くなるためだったら遠慮などする必要は無いのです。昔のコーチは、定時になったらすぐに帰りたいというタイプの人もよく見受けられましたが、私は絶対にそうはなりたくありません。どれだけ時間を使ってくれても構わないからとことんやろう、いくらでも付き合うよというスタンスはずっと変えずにきています。

選手のことを知る

選手を観察する

選手の状態を知らなければ、良い指導はできません。

選手とは常に話をし、練習の様子を見ていますが、それだけではなかなか選手の状態を掴むことはできません。選手同士の会話に聞き耳を立てることまではさすがにしませんが、オフィシャルではない部分も見聞きしようと意識することで、選手たちが今何を考え、どういう状態にあるのかを理解しようとしています。

調子が悪い、伸び悩んでいるという時に、技術面だけがその原因だとは限りません。精神的にモチベーションが上がらない状態かもしれませんし、選手同士やプライベートなどで問題が発生していて、練習に集中できないという可能性だってあるでしょう。そうした状況を知ることができれば、現状を打破するための策が浮かぶかもしれませんし、少しでも力になれる可能性があります。

練習に身が入っていない、成長が止まってしまっている、目標に対して取り組めていないという時に、どう前に進ませるかを考えることも指導者にとって重要です。そしてその際の判断材料として、日頃の選手の振る舞いは大いに参考にします。

選手が伸び悩んでいる要因を掴むためには、試合の状態を見るだけでは不十分であり、根本的な解決には繋がりません。普段の取り組みの姿勢から判断できる部分もあり、日頃の様子をよく観察することで、調子が良い時、悪い時の違いが分かるようになるのです。

また、技術面で言えば、投球フォームの映像は必ずチェックし、良い時と悪い時の差を頭の中にインプットしておきます。

ホークスはモーションキャプチャーを含めて機器が充実しており、それらを使って選手の様々な数値を定期的に記録しています。そのようなデータも判断材料にはなるのですが、システムを使っての計測は毎日行えるものではありませんし、まして公式戦を行う球場にそのような機器を持ち込むことなどできません。だからこそコーチは、データから分かることを、自分の目で見て同じように判断できなければならないのです。私の場合、目で見て感じたこととデータから分かることは、ほぼ一致します。それは、私にとっては自分が間違っていないことの確認になりますし、選手にとってはデータの裏付けもあるという説得力に繋がります。

昔はデータを取ることが難しかったので主観による判断しかできませんでしたが、今後はますます、そうした主観だけで判断する領域は減ると考えています。だからといって、全てがデータの判断に置き換わるかというと、そんなこともありません。例えば、選手のメンタルは数値化できません。数値化できない領域は確実に存在するので、主観的な判断が無くなることはないでしょう。だからこそ日々の選手の観察は不可欠になりますし、同時に、主観的な判断であっても根拠を示すための勉強を欠かすことはできないのです。

主観的な判断の全てに根拠を示すことは不可能ですが、選手から説明を求められた場合に的確な返答ができるように、コーチも理論の勉強を怠らないようにしなければなりません。

コミュニケーションを取る

入団間もない選手時代、捕手とのコミュニケーションが上手く取れず、そのために試合で結果を出せずにいた時期がありました。

当時のホークスの正捕手は城島健司《じょうじまけんじ》です。私よりも年下でしたが、既に一軍の主力選手だったこともあり、私の方が遠慮がちになってしまっていました。そのため、話したいことがあっても話しづらく感じられ、上手くコミュニケーションが取れず、そのことが試合にも影響を与えていたように思います。

しかし、自分の成績が上がらないだけではなく、意思のこもらない投球が続いては後悔が残ってしまうと考え、ある日を境に積極的にコミュニケーションを取ることに決めました。プライベートで一緒に食事もしましたし、お互いの考えを深く知ることで、自分の思いも素直に伝えることができるようになったと思います。

その甲斐もあってか、意識してコミュニケーションを取るようになってからは、マウンド上での意思疎通も上手くいくようになりました。それによって自分の力もきちんと出せるようになって、成績も上がっていったのです。この経験から、一人では決して戦えない団体スポーツである野球において、周りとコミュニケーションを取ることがいかに大事かということを学びました。

マウンド上で窮地に追い込まれた時ほど、投手は孤独を感じてしまいます。そうした時に野手に声を掛けてもらえると、救われたような気持ちになることが多々あります。投手は、一人で戦わなければならないと思い込み、孤独にも打ち勝たなければならないとマイペースな言動を取ることも多くなりがちです。しかし、周りには支えてくれる人たちがいることをきちんと理解し、積極的にコミュニケーションを取ることが重要です。そのことが、自分の成長にも繋がっていくことを意識しなければなりません。

自分の弱さを認められなかった選手時代

選手時代、非常に苦労したのが「弱さを認めること」です。

私は、自分の弱さを認められるようになったきっかけをはっきりと覚えています。二十九歳の時のことです。選手人生における最大の転機であり、この出来事のお陰で、その後コーチとしても選手に寄り添うことができるようになったと考えています。

ホークスがパ・リーグで優勝した二〇〇三年シーズンの終盤、「今日勝てば優勝が決まる」という試合で先発を任せてもらえることになりました。もちろん勝つつもりでいましたので、初めて両親をスタジアムに招待しました。しかしながら、実際は三回途中でマウンドを降りるという、残念な結果に終わってしまいます。その日は、自分でも信じられないぐらい緊張しており、頭の中は真っ白、身体はガチガチという状態でした。ストレートがホームベースの遥か手前でワンバウンドしてしまうという信じがたい暴投をするような有様だったのです。

この試合をきっかけに、私は自分の弱さと向き合う決意をしました。

それまでも、自分のメンタルの弱さには薄々気づいてはいたのです。しかし、どうしてもそれを認めたくなかった。一軍で活躍できない理由が「チキンハート」だからというのは、その時の私には受け入れがたいことだったからです。しかしもう、そんなことを言っていられる状況ではありませんでした。翌年の契約はまだありましたが、三十代になることもあり、二〇〇四年のシーズンで結果を出せなければ間違いなくクビだろうと覚悟しました。

このとき、小久保裕紀《こくぼひろき》さんから紹介してもらって「内観療法」というものに出会いました。自分と向き合う時に、この内観療法というやり方が非常に合っていました。技術的には前年とほぼ変わっていないにもかかわらず、二〇〇四年のシーズンではキャリアハイの結果を出すことができたのです。

また、試合での失敗を引きずり常に自己嫌悪に陥っていた時に恩師から掛けられた言葉も、私を変えるきっかけの一つとなりました。恩師に「自惚《うぬぼ》れている」と指摘されたのです。

自己嫌悪に陥るということは「自分は失敗しない人間だと考えていることの裏返しだ」とも言えます。恩師からの言葉をきっかけに、自分は「未熟なのだから失敗は当たり前だ」と思えるようになりました。また、失敗を引きずって思い悩むのではなく、この先どうやったら失敗を繰り返さずに済むかに意識を向けられるようになったのです。

自分の弱さと向き合うことにかなり苦労した経験があるので、選手たちが同じように苦労していれば理解してあげられますし、自分の経験もふまえながら、手を差し伸べるようにしています。緊張してしまうことは誰にでもあり、決して悪いことではありません。自然と湧き上がってしまう感情なので、コントロールしようとしても難しいでしょう。まずは、緊張してしまう自分が弱いのではなく、緊張して自分を見失ってしまう状態こそが弱さなのだと考えるように伝えます。抱いてしまう感情そのものは否定せず、そういう状態に陥った時にどう対処すべきかに意識を集中させる指導が大切ではないかと思います。

弱さと向き合わせる

弱さと向き合うことの難しさは、私自身も強く実感しているのですが、一方で、弱さを認められなかったことで成長が止まってしまったことを非常に後悔してもいます。自分が指導している選手には同じ経験をしてほしくはありません。

自分に自信が持てないという状態は、決して悪いものではありません。むしろ、自己分析が正確に行えていると評価すべきでしょう。自信を持てるかどうかは性格によるところも大きく、意識的にコントロールできるものではないので、単純に「自信をつけさせる」というような指導は難しいと私は考えています。むしろ、自信がない状態を認め受け入れていくことが、弱さと向き合う第一歩と言っていいでしょう。

選手の性格などによっても変えるのですが、プライドが高かったり周りの目を気にしたりする選手の場合は、「お前は気持ちが弱い、まずはそのことを認めなさい」と直接的に指摘することもあります。

以前、なかなか結果を出せないでいた一軍選手に、非常に調子が悪かった試合の後でファーム行きを通告しなければならないことがありました。とても良い素材を持ちながら、気持ちの弱さのせいで能力を出し切れていないと感じていたこともあり、その弱さときちんと向き合わなければ成長できないということを、敢えてかなりきつい口調で伝えたのです。言われた瞬間はショックでしょうが、弱さを認めることから逃げているだけでは問題を先送りしているにすぎません。その弱さは、いつか必ず何らかの不調として顕在化するからです。私と同じように後回しにしてしまわないためにも、早めに気づかせることが大事だと思うのです。

ただし、この「弱さを自覚させる」ということは慎重にやらなければなりません。タイミングや言い回し、ニュアンスなどを相手に応じて変えて、指摘すべきポイントがきちんと伝わるようにコミュニケーションを取らないと、全く耳を傾けてくれない状態に陥ります。それでは指摘が無駄になってしまうだけでなく、関係悪化まで進む恐れがあります。

技術指導以外でのサポート

高卒でプロ入りする選手に対しては、野球以外のサポートも重要です。自分が大学時代に対人関係・コミュニケーションで非常に苦労したこともあり、特にこの部分のサポートも欠かせないと考えています。

私は、野球の強豪校ではない三重県の進学校出身でしたし、甲子園にも出場していませんので、大学入学時点では無名の選手でした。同期には、井口資仁《いぐちただひと》や澤﨑俊和《さわざきとしかず》、清水《しみず》将海《まさうみ》がいましたが、昔は標準語での会話が苦手だったこともあり、彼ら関東出身のメンバーとは最初の一年間、深く話す機会をほとんど持ちませんでした。

いわゆる「人見知り」のために自分から話しかけることはできませんでしたし、故郷の訛《なま》りのために会話のスピードが合わずコンプレックスにも感じていたのです。方言だけでなく、田舎出身であること自体もコンプレックスに感じていましたし、入部当初は練習に全くついていけなかったこともあって、私はかなり浮いていたのではないかと思います。公衆電話から地元の友達に電話をする時はいつも、「帰りたい、帰りたい」とホームシックで辛いことを伝えていました。

私は高卒でプロ入りしたわけではありませんが、プロの世界は、私が苦労した大学野球部よりも遥かに厳しい世界です。だからこそ、特に高卒でプロの世界に入ってくる選手にはメンタル面のケアを含め細心の注意を払うように心掛けています。

伝える力を磨く

「聞かない」のではなく「聞かせる力が無い」

コーチとしての私の一番のテーマであり、一番大事だと考えるスキルが「伝える力」です。どれだけ素晴らしい指導であっても伝わらなければ意味がありません。そのことを常に意識して、日々、コーチ業を行っています。

コーチングの現場で耳にすることが多い言葉があります。それは、「あいつは何回言っても俺の話を聞かないからダメだ」です。

多くのコーチがこれに類する発言をしますが、この言葉を聞くと私は、「自分にはコーチを行う能力がありません」と表明しているのと同じだと感じます。コーチは「言う」のが仕事ではなく、「聞かせる」のが仕事だと考えているからです。選手が話を聞かないとすれば、それは自分に聞かせる能力が無いだけのこと。また、選手に言うだけに留《とど》まらず、行動を促せるほど意識を変えることができて初めてコーチとしての役割を果たせていると言えるでしょう。

しかし私も、コーチになりたての頃はこの点を十分理解できておらず、そのために失敗を繰り返しました。例えば以前は、選手全員の前で特定の選手を叱責したこともありました。今でも、敢えて意図的に行うことはあります。しかし、選手の反応などから、基本的にしてはいけないことだと考えるようになりました。

プライドを傷つけられ、ショックで耳を塞《ふさ》いでしまうような状態になれば、伝わるものも伝わらなくなってしまいます。選手は一人ひとり、性格も価値観も感覚も違うので、コーチは相手に合わせた伝え方を意識しなければなりません。

短い言葉で伝えることも常に意識しています。「話は長いけれどもコーチングは上手い」という指導者はいないと思っています。選手時代、同じ話を漫然と繰り返すだけのコーチに教わることもありましたが、指導内容が良くても話が長かったり回りくどかったりすれば、どうしても選手には伝わりにくくなります。選手から直接言われることは少ないのですが、私の教え方はシンプルで分かりやすいという話を伝聞で耳にすることが結構あるので、意図した通りに伝えることができているはずだと思います。

また私は現在、ボイストレーニングに通っています。伝えるという点において滑舌の悪さはマイナスに働くことが多いと感じるようになり、改善しようと考えました。

どれだけ素晴らしい理論で話しても、伝え方が劣っていれば何もしていないのと同じです。だから、「伝える力」を常に磨き続ける意識を持つようにしています。

信頼関係とは成長を導くこと

指導においては選手と信頼関係を築き上げることが何よりも大事になりますが、では、「コーチと選手との信頼関係」とは一体何を指すのでしょうか。

私は「コーチのアドバイスが選手の結果に繋がること」から生まれるものと考えています。「このコーチの話を聞いていれば間違いなく成長できる」と選手が実感できているかどうか、ということです。

コーチに就任する際に、次のような思考をしたことがあります。

私は選手として一流の結果を出すことができないままコーチになったこともあり、逆に「一流の結果を残してコーチになった」斉藤和巳を想像して、自分と比較してみたのです。もし私と斉藤が同時に指導をすれば、選手は間違いなく斉藤のアドバイスの方を重視するでしょう。しかし、もし私がコーチとして結果を出すことができていれば、選手時代の実績に関係なく話を聞いてもらえるのではないか――。

このため、コーチとして行ったアドバイスが選手の良い結果を生んだという実績を早く示す必要があると思いました。そこから、自分のアドバイスによってどんなに小さなことでもいいから結果を生む、という点を意識して指導を始めたのです。

さらにその上で、成長させたいのだという情熱が選手に伝わることが重要です。仮にアドバイスが成果に繋がっても、指導者から情熱を感じられなければ信頼関係には結びつかないでしょう。だから、あなたのことはいつでも見ている、成長を期待している、という気持ちがきちんと伝わるように意識しています。

練習自体の意図や意味が分かっているだけでなく、それが「自分にとって」どれだけ重要なのかを選手には理解してもらう必要があります。この点において、コーチと選手との信頼関係は重要です。

早い段階でこのステップをクリアしないと良いコーチングはできないと考えます。ここを越えることで、指導者は自身の選手時代の実績などに関係なく、自分が今信じていることを躊躇《ちゅうちょ》せずに自信を持ってアドバイスできるようになります。

伝え方を徹底的に考える

以前、素質やセンスが非常に良く、最後の最後まで特に期待を寄せていた選手がいたのですが、最終的には日の目を見ることなく球団を去りました。「伝える力」について考える時、彼のことが頭に浮かびます。今の自分だったら、もう少し上手く導いてあげられるのではないかと考えてしまうのです。当時のことを振り返ると、彼には自分の期待感や思いをぶつけすぎてしまったと反省の念が浮かびます。

私の「到達点から逆算して指導する」という手法は、コーチを長くやってきた今でこそ形になってきましたが、始めた当時は頭に浮かんだことを全て口に出したり、私の方から答えを教えたりしてしまっていました。指導者として、成長を待つということができなかったのです。

今となっては未熟だったと感じますが、当時は余裕がなかったこともあり、間違ったやり方だと気づけませんでした。私の方にも、「選手を伸ばした実績」を作りたいという焦りのようなものがあったのだろうと思います。今のやり方で彼を指導することができれば、また違う結果になったのではないかと申し訳なく感じます。

どう伝えるかというのは日々の大きな課題であり、徹底的に考え抜いています。正しいアドバイスだと思っていても、選手の感覚では正しくないかもしれません。言わなければならないことがあっても、今はまだ言うべきタイミングではないかもしれません。それがいくら選手のためなのだとしても、相手の感じ方を無視すれば逆効果になってしまうこともあるのです。

また、相手との関係によっては、正論を言う時に謙虚にならなければならないことがあります。ただでさえ間違いを指摘される時は耳を塞ぎたくなるものですが、さらに正論を厳しく伝えてしまうと相手は逃げ場を失い、ただ気落ちさせてしまうだけということとにもなりかねません。いかにモチベーションを下げずに耳の痛いことを伝えるかは非常に重要です。また、育成選手は高卒、大卒、独立リーグ出身と様々な人がいますが、プロに辿り着くまでの環境や、今まさに置かれている状況が全く違うので、やはり接し方を変える必要があるのです。

また、コーチングについてはコーチ個々の「伝える力」を高める必要がありますが、選手の現状や目標の把握については、共有システムの構築を進めています。

この種のシステム構築においては、恐らくホークスが十二球団で一番進んでいるでしょう。今はまだできていませんが、一人の選手に関する情報をワンクリックで全て見られるようにし、それぞれの情報ごとに「コーチまで」、「フロントまで」、「選手まで」、と分けて閲覧権限を設定するところまでを目指しています。これまでも様々なやり方を試してきましたが、その過程で見えたメリット・デメリットを考慮しながら、情報共有に関してはコーチの能力に頼らない形で行うことを理想としています。

システムに任せられる部分は可能な限り任せ、コーチ自身が関わるべきことについては、能力を高めてきちんと伝えられるようにしていこうということです。

様々な人の話から学ぶ

「伝える力」を高めるため、私は様々な方のお話を聞くようにしています。

最近多いのは、YouTubeで講演の動画を見ることです。やはり、講演を生業《なりわい》にしている方のお話は非常に面白いですし、私もシーズンオフに講演に呼んでいただくことがありますので、その際の参考にもさせていただいています。

今は感染症対策の観点から難しいですが、食事などの場で直接お話を聞く機会も作るようにしてきました。野球関係の方がやはり多いのですが、企業経営者、教師、能楽師、漫画家、個人事業主など異分野の方とお話しさせていただくこともあります。普段知ることができない話をお聞かせいただけるので非常に興味深いですし、自分の考えの浅さを実感させられる良い機会にもなっています。また、会社員として働く高校・大学時代の同級生や先輩・後輩からも、自分が知らない世界の知識や価値観をたくさん得られるので、積極的に話に耳を傾けています。

野球をしていたかどうかや、自分より実績があるかどうかは全く関係ありません。普段から様々な意見を収集し、自分の理論や価値観の修正に繋がるヒントを求めるようにしています。

また、伝え方に関する様々な本も読み漁《あさ》りました。コーチングに関係するものだけではなく、営業パーソンや講演家など、何らかの形で伝えることを仕事にしている方の本を読み、普段の指導の場で取り入れるようにしています。

入ってくる情報が狭まらないように常にアンテナを張って、様々な考え方・感じ方があると知ることが、選手とのコミュニケーションにも良い影響をもたらすはずだと考えています。

本音で接する

「嫌われたくない」という考えを捨てる

引退して一年間フロントとして働いた後、二軍コーチを引き受けるにあたっては、現役時代に一軍投手コーチとしてお世話になった尾花髙夫《おばなたかお》さんに就任の報告をしました。その際に教えていただいたコーチとしての心構えのなかで最も印象深いものが、「選手に嫌われたくないと思うならコーチを引き受けるな」です。これは、私のコーチとしての原点の一つになっています。

私も人間ですので、選手から嫌われずにいられるならそうしたい。けれど、嫌われたくないと思って指導に当たると、どうしてもブレてしまいます。言うべきことを伝えられなかったり、間違いを指摘しにくくなったりするのです。尾花さんの言葉は今も胸に刻んで、日々、選手たちと向き合っています。

私の場合は、現役時代と同じチームでコーチに就任したこともあり、選手たちとの関係を割り切るのは非常に難しいものがありました。コーチになりたての頃は、教える相手が少し前まで共に練習をしていたチームメイトだったため、やり辛さを感じることもあったのです。それでも、褒めるべき時は褒め、厳しくすべき時は厳しくするというスタンスを貫くことができたのは、尾花さんのお陰だと今も感謝しています。

小久保裕紀さんが教えてくれたこと

選手時代は様々な方にお世話になりましたが、特に小久保裕紀さんには多くのことを教えていただきました。

小久保さんは同じ大学の先輩で、私が一年生の時の四年生でした。野球部のキャプテンであり、大学生で唯一バルセロナオリンピックの代表選手に選ばれていて、私にとっては神様のような存在でした。話しかけることも許されないような雰囲気を感じていましたし、大学時代は挨拶《あいさつ》をするだけの関係で終わっていました。ただ、その後は同じ大学から同じ球団に入ったこともあり、食事に連れて行ってもらうなど非常に可愛がっていただきました。

小久保さんは投手ではないので、工藤さんとは違い、技術的なアドバイスをいただいたわけではありません。けれど、小久保さんが守るサードからマウンド上の私がどう見えているか、などについて細かく教えていただきました。投手というのは普段、自分から聞きに行かない限り、捕手以外の野手と話をすることは多くありません。しかし、小久保さんは、マウンド上での姿が弱々しく見えたとか、あの場面はこう攻めたら良かったのではないかなど、野手として気づいたことを教えてくれたのです。悩んだ時には真っ先に相談しましたし、また、先に書いた内観療法を勧めていただいたことは私の人生にとって非常に大きな転機となる出来事でした。

そもそも、小久保さんの練習に対する姿勢には私のみならず、ホークスの選手全員が影響を受けていると思います。一流選手でありながら、もの凄く努力する方でしたので、その姿に他の選手が感化されチーム全体の意識が変わりました。このことが、ホークスが強くなっていった要因の一つであることは間違いありません。

こうした野球に直接関係することの影響も大きかったのですが、小久保さんから私が一番影響を受けたのは人としての在り方だと思います。未熟だった私の礼儀や心配りについて注意していただけたことは、本当にありがたいことでした。プライベートで食事に連れて行ってもらった時でも、目上の人に対する気の遣い方を教えていただいたり、また、楽しい席であっても悪いことははっきりと指摘してくれました。

あるチームメイトの結婚式で、ご両親がテーブルまで挨拶に来てお酌をしてくれた時のことです。私は座ったままでグラスを持っていたのですが、後で、ご両親がわざわざ来てくださっているのに座って挨拶するのは失礼だと注意していただいたこともありました。

指摘される、その瞬間は嫌な気分になることもありますが、「怒られて当然だった」、「言ってもらえてありがたい」という気持ちになります。私のことを思って言ってくださった小久保さんには大変感謝しています。人に注意する、ということは簡単にできるものではないと思います。

礼儀や心配りには価値観の違いが大きく、正解は無いのかもしれませんが、私は小久保さんからの学びがあったお陰で、人との付き合い方が良くなり、今ではたくさんの方に可愛がってもらえているのだと感じています。

今の感謝より未来の感謝を

三軍でコーチをしていると、一軍への出場機会が無いまま辞めていく選手を見送ることも多くあります。全員を一軍に上げたいと考えている私としては、申し訳なさしかありません。けれど、そうした選手たちから何年か経った後で、

「選手時代は本当にありがとうございました」

「あの時厳しく指導してもらえたお陰で今頑張れています」

「倉野さんの言っていたことの意味がようやく理解できるようになりました」

といった言葉をもらう機会も増えてきました。

厳しいことも、不快に感じるかもしれないことも、時には正直に伝えて発奮させようとしているので、指導の際は嫌がられていることもあるかもしれません。ただ、こうして感謝の言葉を伝えてくれる元選手たちのお陰で、相手のためを思って厳しく指導することの大事さを改めて強く実感しています。

大学時代に投手コーチだった善波さんに対しても、当時はあまりの厳しさに「鬼」とさえ感じましたが、あの時に無理矢理にでも鍛えてもらえたからこそ今の自分があるのだと思えるようになりました。

感情をただ爆発させるようなやり方ではいけませんが、成長のために必要であれば躊躇なく厳しくするという姿勢は、仮にその時に真意が伝わらなくても、いずれ相手に必ず届くと信じられるようになりました。

野球界を離れてしまうとしても、私が見ていた選手には「厳しく指導してもらえて良かった」とのちのち感じてもらえるようなコーチであろうと意識しています。

だから、すぐに感謝されること以上に、のちのちに感謝されることの方が、実は本当に大切なことなのではないかと思うようになりました。

第5章

努力を結果に繋げる

5

魔改造の秘訣

下半身と体幹を鍛えれば球速は上がる

私の指導は「魔改造」と呼ばれることがあります。知名度が高いわけではない育成選手や未熟な選手を急激に成長させることを指すようで、そうやって評価していただけることは大変ありがたいと感じています。しかし、特別な魔法があるわけではなく、やっていることはシンプルで基本的なことばかりです。

投手のパフォーマンスは、身体を鍛えることで一定以上は必ず上がるものなので、まず下半身と体幹を徹底的に鍛えさせます。球速を上げたいのなら腕を強く振らなければなりませんし、そのためには下半身を安定させる必要があります。バランスボールのような不安定な足場では強く腕を振ることができないのと同じで、下半身が弱いと速い球は投げられません。下半身をブレさせないことと、その下半身と上半身とを繋ぐ体幹を鍛えて上半身にしっかりと力を伝えること。これらの基本ができるようになれば、球速は一定程度必ず伸びます。

今のチームで言えば、アメリカのアマチュアから入団したカーター・スチュワートが良い例です。彼は、十八歳の時にアメリカのドラフトで一巡目指名されながら入団はせず、その一年後にホークスと契約しました。アメリカ人選手では初めてのケースで、逸材として大いに期待されての入団です。

しかし当初見た時は正直、本当にアメリカのドラフト一位選手なのかと疑ってしまうほどでした。体力が無く、しばらく下半身強化に取り組ませても踏ん張りが利かず、球を投げさせてもスピードは目を見張るほどではありません。ただし、投手として優位な体格であり、腕の振りも柔らかいという、入団当初の千賀のような状態だったので、同じように筋力強化をすれば伸びるだろうと確信が持てました。

今年には球速も平均で10㎞ほど上がって150㎞を軽く超え、一軍でも登板できる選手に成長しました。これも、二年間、下半身や体幹を徹底して鍛えさせた成果が出たからだと思います。

アマチュアの練習量が絶対的に減っている現在では、高卒だけではなく大卒、社会人出身であっても、基礎体力が不十分な選手が多くなりました。鍛えられていない部分が非常に多いので、下半身と体幹のトレーニングを徹底的に行うだけで、すぐに効果が出ることが多いのです。

ただ、小学生はもとより、中高生の場合は負荷の掛け方に注意が必要です。まだ骨が完全に出来上がっておらず、身体が成長途中だからです。その状態で強い負荷が掛かると、疲労骨折などの怪我に繋がってしまうこともあります。どれぐらいの負荷ならいいのかは個人差も大きいので、自分一人の判断でやりすぎないこと、違和感を覚えたら負荷を減らすことなどに注意して、トレーニングすることが必要です。

投球フォームはいじらない

下半身と体幹を鍛えることで球速が上がるのは間違いありませんが、プロまで上がってきた選手に対しては最も注意すべきポイントがあります。それは、「筋力が十分につくまでフォームをいじらない」ということです。

経験上、これは簡単なようで一番難しく、また最も重要なポイントなので、毎年必ず投手コーチ陣全員で共有します。特にルーキーに関しては、どれだけ目につくような部分があったとしても、一定期間フォームについては見守ってくださいと念押ししています。

なぜフォームをいじらない方がいいのかと言えば、そのフォームによるパフォーマンスが評価されて、その選手はプロ入りしているからです。一般的な投球理論と比べてどれだけ変則的なフォームであっても、選手本人がそのフォームで良いパフォーマンスを出しているのであれば問題ないと私は考えます。しかし、コーチには自分なりの理論があるもので、フォームの欠点と思えるものが目立つ場合、どうしても修正させようとしてしまいます。

例えば、踏み出した足が軸足よりも内側に着地する「インステップ」。身体の動きをボールに伝え損ねているはずであるという理由から、修正しなければならないフォームだと考えるコーチが多くいます。あるいは、上半身と下半身の動きが合っておらずバランスが悪い、という指摘をするコーチもいます。しかしフォームを修正させようとすると、最悪の場合、自分の投げ方を忘れてしまいますし、これまでどうやって良いパフォーマンスを出してきたのかも思い出せなくなりかねません。

フォームを修正させようとすることが、投手が伸び悩む大きな要因の一つだと私は考えています。選手時代もコーチ時代も、コーチが我慢できずフォームに口出しをしてしまう場面を何度も目にしてきました。

私は、正しい投球フォームはこうあるべきという考えは持たないようにしていますし、仮に修正すべき点が見つかっても、筋力がつくまでは目を瞑《つぶ》るようにしています。他の選手と比べたり、決まった型に当てはめようとしたりするのではなく、どこで力をロスしているのかを見極めながら、その選手に合った形を微調整で作り上げる意識を持つということです。

コーチの中には、腕を振り上げてリリースするまでのテイクバックの動作を修正させようとする人も多いのですが、私はテイクバックの修正には特に気をつけており、基本的にはいじらないようにしています。これによって最悪の場合、イップスに陥ってしまうからです。

テイクバックは投手にとってほとんど無意識に近い動作で出来上がったもので、身体に染みついています。その動きを意識させることで自分の投げ方が崩れてしまうことが多いのです。投手自らテイクバックを修正しようとすることは問題ありませんが、他人が指摘する場合は注意が必要だということです。

私の場合、どうしても修正が必要だと感じたら、何らかの練習やトレーニングによって、「テイクバックを修正させようとしている」とは投手本人に気づかせないまま、自然と改善するようなアプローチを取ります。直接的にテイクバックの修正を指示する場合であっても、投手本人の感覚を逐一確認しながら、違和感があれば修正自体を取りやめることにしています。

フォームは、投手が壁にぶつかった時に修正するのが正しい順序です。この点については、かつてのチームメイトで同じ三軍で一緒にコーチも務めた先輩の若井《わかい》基安《もとやす》さんの言葉が印象的でした。

「選手が壁にぶち当たる前に、コーチが壁を作るなよ」

若井さんのアドバイスです。コーチによるフォームの修正は、時に、投手にとって障壁になってしまうということです。若井さんにそう言われる前から、感覚的に理解していたことではあったのですが、明確に言語化されたことで改めて腑《ふ》に落ちました。既に筋力のある投手の場合は、技術的な部分を変えなければ球速は上がりません。しかし、球速アップの秘訣《ひけつ》は基本的に、フォームの修正は保留した上で徹底的に筋力をつけさせるだけ、なのです。

他球団では、アマチュア時代よりも球速が落ちたという話を聞くことがありますが、ホークスでは、球速が上がるまでフォームをいじらないことを徹底して以降は、怪我以外の理由で球速が落ちたケースはほとんどありません。「魔改造」の秘密は、実は単純なものなのです。

短所を直すより長所を伸ばす

コーチになると決めた際に決意したことがあります。それは、選手時代に関わったコーチのコーチングのやり方を参考にしたり反面教師にしたりする、ということです。もちろん、親身になって指導してくれ信頼を寄せていたコーチもたくさんいるのですが、正直なところ、合わないと感じた経験も多々ありました。自分が選手時代にダメだと思ったコーチングを繰り返すようなことはするまいと、固く心に誓いました。

自分が受けてきて疑問を感じたコーチングについてはこれまでも書いてきましたが、中でも多くのコーチが失敗してきたであろう指導が「短所の改善」です。

選手の短所とどう向き合うのかという点で自分なりのやり方を貫いていることが、私がコーチとして少しは結果を出せている要因だと考えています。極論で言えば、選手の短所には手をつけず、できるだけ目立たないようにするだけで十分なのです。

なぜなら、短所を修正させようとすることで長所も同時に消えてしまい、結局何も残らないということが起こりがちだからです。この点で、今も多くのコーチが失敗していると私は感じています。

例えば、通常の投球は良いのにクイックモーションが苦手だという投手に対して、コーチはどうしてもその練習ばかりさせてしまいがちです。確かにクイックモーションもある程度はさせなければなりませんが、その苦手さを意識させてしまうことで本来の力が出る投球フォームの自信まで失わせてしまい、投球に悪影響を及ぼすことがあるのです。

私は意識的に、短所に目を瞑るようにしています。短所を修正する取り組みも当然行いますが、その過程で長所も薄れてきていると感じられる場合は、一旦《いったん》、短所の改善作業をストップします。まずは伸ばせるだけ長所を伸ばし、それから短所に手をつける、という方針に変えるのです。短所に目を向けるより、自分の代名詞はこれだと言えるようなオンリーワンの武器を見定めて、まずはそれを徹底的に強化していくことが重要だと考えています。

また、投手としてさらなるスキルアップを目指す場合にも注意が必要です。

例えば、良いストレートを持っている投手にカットボール（ストレートと似た軌道のまま最後に少し曲がる球）を習得させたいとします。その目的で、最後に手元で曲げるための練習を多く課すと、ストレートのレベルが落ちてしまうことがあるのです。選手時代の例で言えば、二つ年下の篠原貴行《しのはらたかゆき》が印象的でした。中継ぎとして長く活躍し、特にストレートの勢いとキレが見事で、ダイエーホークスの初優勝の原動力となった投手です。彼はある年の秋のキャンプで、翌年以降の先発登板も視野に入れるべく、緩急を身につけようとチェンジアップの習得を目指すことにします。しかし、その練習を続けたためにストレートの勢いが無くなってしまい、結局チェンジアップを諦めてしまいました。

このような経験から、長所が消えないことを指導の最優先にするよう他のコーチにも伝えています。しかし、口で言うのは簡単ですが、実践するのはかなり難しいでしょう。短所はどうしても目に付きますし、改善しなければならないという発想に陥ってしまいがちだからです。また、コーチングというのは一人で行えるものではないため、他のコーチやフロントの理解が必要なこともネックになる場合があります。ホークスでは短所に目を瞑るやり方ができますが、環境によってはどうしても、昔ながらの考え方が支配的になってしまうこともあるでしょう。短所は目立たなくするだけで十分、という考えが定着することが望ましいと思います。

遠投は必須のトレーニング

球速アップのためにはもう一つ、必須の練習があります。それが遠投です。投手に遠投は不要だという意見があります。投手は下に向かってボールを投げるのだから、投げ上げる動きを鍛えても仕方がない、という理由です。確かに、フォームのことだけを考えるならその理屈が間違いだとは言えません。最近はこのような考えもあり、遠投をした経験のない投手が増えています。

ただ私は、投手に遠投は必要不可欠だと考えています。ボールを投げる際の最大出力の感覚を、身体に覚え込ませる効果が期待できるからです。

マウンドからの投球は、静止した状態から足を上げて短い距離に向けて投げるものです。このマウンド上での出力と、助走をつけた動きのある中で目一杯身体を使う遠投による出力が大きく変わることはイメージできるでしょう。

遠投は、マウンドで投げる時には体感できない、自身の最大の腕の振りを実感できる練習というわけです。球速を上げたい選手には必ずやらせますし、野球教室でも遠投の重要性を必ず話すようにしています。球速を上げたければ、練習に是非遠投を取り入れてみてください。

球速とコントロールは分けて考える

まだ入団したばかりの投手の球速を上げる時にはまずは筋力をつけることを優先にし、フォームをいじらないと書きましたが、もう一つ注意する点があります。

それは、球速とコントロールを同時に高めようとしてはいけないということです。多くのコーチが、短期間で効率よく理想を追求しようとするあまり失敗するのを目にしてきました。

私は、この二つを分けて考えるようにしています。そして、コントロールよりもまず優先するのが球速です。コントロールには指先の感覚やフォームなど投手の個人差も大きく関係するため、かなり繊細な調整が必要になります。一方で球速の方は、入団したての若い選手には、下半身と体幹を鍛えて遠投をやらせれば、ほぼ確実に伸びることが分かっているので、まずは球速を上げることを優先するのです。

球速アップとコントロールを分けた方がいい理由は、腕の振りに関係しています。球速を上げたければ当然、腕を速く振る必要があります。しかし投手は、コントロールを意識すると、どうしても腕の振りが遅くなってしまいます。腕の振りという点で考えた場合、この二つは明らかに両立しません。だからこそまず、コントロールは度外視し、腕の振りと身体の出力を最大限まで上げることにフォーカスするのです。コントロールに手をつけるのは、こう腕を振れば球が速くなるという感覚を身体に覚え込ませてからでも遅くはありません。

フォームの打ちづらさで抑えるような変則投手であれば別ですが、一般的に球速は投手にとって大きなアドバンテージとなります。だから、まずは最大スピードを上げることに専念し、それからコントロールに手をつけるのがいいでしょう。

投手としてのスキルアップ

コントロールの改善

投手にとって、コントロールを改善することが一番難しいでしょう。

これをやればコントロールは間違いなく良くなるという指導法を見つけられれば、世界一のコーチになれるのではないかと考えてしまうほどです。

指先での一ミリのズレがホームベース上では五十センチほどのズレとなる世界であり、ミリ単位の調整をしなければならないのですが、これは意識して再現性を高めていけるようなものではありません。指先の感覚は、遅くとも高校生ぐらいまででほぼ決まってしまうからです。プロ入り後にできることがあるとすれば、フォアボールを連発している投手をストライクゾーンに投げられるようにする、という調整ぐらいでしょう。コントロールは劇的に良くはなりませんし、ストラックアウトのように九分割の的に投げ分けるコントロールは、教えてできるようなものではありません。

ただし、コントロールも球速同様、下半身と体幹が重要であることに変わりはありません。下半身と体幹を鍛えることで、リリースポイントが安定するからです。球速アップのためのトレーニングを行うことで、コントロールも良くなることはあります。

コントロールに関しては、技術面だけではなく精神面も大きく影響します。

投手の場合、キャッチャーミットを狙いすぎることで余計にコントロールが悪化してしまうことがあります。ピンポイントを狙いすぎる意識がコントロールの邪魔になるのです。そこで私は、「ストライクゾーンを横に二つに割って下に投げろ」「縦に割ってインコースに投げろ」というようにアバウトに考えさせるようにしています。フォアボールばかり出している投手には、「フォアボールは出してもいい。ただ、全部低めの球で出せ。高めの球でフォアボールを出すな」という言い方をすることもあります。このようにして、敢えてピンポイントを狙わせないようにしているのです。

また、ストライクゾーンに投げようとして、腕の振りを遅くする投手もいます。そういう投げ方を「置きに行く」と言いますが、置きに行くような投げ方をすると普段のフォームが余計に崩れ、結果としてさらにコントロールが悪くなってしまいます。だから、置きに行くのではなく、腕は全力で振れと伝えます。

いずれにしても、コントロールに不調をきたす投手は、結果やフォアボールを恐れるあまり精神的にも開き直ることができていない場合が多いのです。キャッチャーミットを狙いすぎない、腕の振りは遅くしないなど、投げる際の意識を変えることで、コントロールが改善することがあります。

古谷《ふるや》優人《ゆうと》は、155km以上のもの凄く速い球を投げますが、コントロールに苦しんだ投手です。入団して三年間芽が出ず、しかも三年目はコントロールがあまりに悪いために三軍で調整をすることになったのですが、私が指導するまでは腕の振りを緩めて140km台の球でストライクを取りに行こうとしていました。あまりにもフォアボールのことを指摘されるのでそうしていたようですが、「140km台でフォアボールを出すのと、150km以上でフォアボールを出すのだったらどっちが後悔しないか？」と聞くと、当然、「150km以上」と答えます。長所はスピードなのだから無くしてはいけない、フォアボールを出してもいいから腕は振り抜け、球が速ければ多少のボール球でも振ってくれる。古谷にはまずそう開き直らせることから始め、そこからコントロールの改善を図りました。腕が振れるようになったことで、腕の振りを緩めて指先でコントロールを加減している時よりもフォームが良くなりますし、フォームが改善されることで投球全体も安定してきます。その甲斐もあり、翌年はプロ入りして初めて一軍の試合で登板するまでになりました。

球速とコントロールであれば、球速の方が上げやすいですし、維持もしやすいです。基本的に球速という長所を無くしてまで、コントロールを無理矢理改善させる必要はないと考えています。球速をできるだけ維持したままでコントロールの調整をすべきだと思います。

変化球の習得

ファームの選手にはよく、「二軍で空振りが取れて初めて、一軍で凡打に抑えられる」という話をします。よほど特殊な決め球を持っていて、タイミングを外してゴロで打ち取るような投手なら別ですが、そうでもなければ、空振りさせる球を習得することは必須です。

変化球の習得指導については、投手の現在の球を一通り見ることから始めます。同じスライダーでも投手によって曲がり方もスピードも違うので、一人ひとり見ながら、どの球で空振りが取れるのかを見極めます。その上で、習得すべきと考える球種があれば練習させるようにしています。

変化球に関しては、こうすれば習得できるという方程式はありません。プロ野球選手の変化球の握りについて、本や雑誌で特集が組まれていることがありますが、「なぜ自分の武器を簡単に教えるのか？」と思うことがあるでしょう。

それは握りや投げ方を教えたとしても簡単に習得ができないと分かっているからです。投手によって、指の長さも投球フォームも違います。ミリ単位で指の動きを意識して調整することはほぼ不可能なので、選手自身が感覚で摑むしかありません。

コーチにできることは、投げる時の手首の使い方や角度の付け方、ボールの握り方などについて選択肢を多数提示することぐらいです。あとは選手に様々に試してもらい、自分にはどのやり方が適しているのかを探らせるようにしています。キャッチボールなどで遊び感覚でもって色々と試していくうちに、選手たちはその感覚やコツを掴んでいくのです。

打者のタイミングを外す投球術

大学時代の投手コーチである善波さんには、投球フォームの基本から教えてもらいましたが、特に強く意識させられたことは「打者のタイミングをいかに外すか」でした。

私はストレートとスライダーに近いカーブが元々得意球でしたが、ここにチェンジアップを織り交ぜることで緩急を身につけるべきだということ。あるいは、体重移動を長くすることで上体の開きを遅くし、打者にギリギリまで球を見せないようにするべきだということ。こうした、いかに速い球を投げるかではなく、いかにタイミングをずらすかを重視する指導を受けました。

私が東都大学リーグでベストナインに選ばれ、アトランタオリンピック予選の日本代表にも選ばれた大学三年時点での球速は130km台後半でした。今の基準では遅いでしょうし、当時としても遅くはないけれど速くもないという程度でした。それでも活躍することができたのは、タイミングを外す投球ができていたからだと思っています。

この「タイミングを外す」という点で非常に重要なのが、腕の振りです。

ストレートと変化球を同じ振りで投げられるかどうかで投手のパフォーマンスは大きく変わってきます。二軍の練習場にある、投手の映像に合わせて穴からボールが出てくるピッチングマシーンの打席に立った時に、このことが強く実感できます。腕の振りなど無いマシーンが変化球を含めた緩急のある投球をしたらプロの選手でもまず簡単には打てません。

実際、リリースポイントまでに腕の振りの緩みが見えた場合に反応できるのかと打者に聞くと、簡単にできると答えが返ってきます。つまり、ストレートと変化球で腕の振りが違えば、簡単に対応されてしまうということです。それぐらい、腕の振りというのは重要なのです。

特に注意しなければならないのは、変化球を投げる時です。変化球の場合、ストレートと違って、握り方や手首の使い方に意識が向くため、どうしても腕の振りが緩んでしまうことが多くあります。そこで、敢えてストレートより腕を強く振る意識で変化球を投げるようアドバイスをしています。

良い投手の要素について聞けば、人によって様々な答えが返ってくると思いますが、私は、腕の振りを変えずに様々な球種を投げ分けられるかどうかを挙げます。入団当時の千賀に対して、スライダーの腕の振りから素質を感じることがありましたし、何より武田はこの投げ分けの素質がずば抜けていました。同じ腕の振りでもストライクが取れなければ話になりませんが、球種によってその差があるかどうかは重視しています。

スピードボールの落とし穴

最近の投手は、ストレートのスピードが上がっているのをよく目にします。投手にとってストレートが速いということは大きな武器ですから、球速を上げるための理論がSNSやYouTubeなどでも流行《はや》りになっています。

いろんな場で語られることそのものは素晴らしいことだと思いますが、そこには「落とし穴」があることも覚えておかなくてはなりません。スピードを上げることに特化、いわゆる、「出力を上げる」ことを重視した理論は、打者がどう感じているかという視点が抜け落ちていることが多いのです。

球速155kmだけれど打者にとって見やすくタイミングが取りやすい球と、145kmでも打者が打ちにくい球ではどちらが良いのか。

投手の仕事、目的は打者を抑えることであり、その一つの手段としてスピードボールがあります。この目的と手段とを取り違えることがあってはいけません。

いろんな場で語られる理論を否定するつもりはありません。そうではなく、あくまでスピードボールと打者が打ちにくいフォームの両立を目指して指導していくことが重要だと考えています。

投球術を身につける

球速やコントロールなど、投手自身の投球能力を高めることも重要ですが、自分の球をどう活かして打者を打ち取るのかという投球術も大事です。これも工藤さんから徹底的に叩き込まれました。

工藤さんに繰り返し言われたことは、「打者をよく見なさい」ということです。私は結局、選手時代にそこまで意識を向けることができませんでしたが、工藤さんは毎試合後、家に帰ってから試合のビデオを見返していました。試合中にも打者の様子を見ているわけですが、覚えていない部分もあるでしょうし、自分と対戦していない時の打者のチェックもしなければなりません。そういう部分での努力も欠かさない方でした。

工藤さんはよく「ファウルの飛び方に注意しなさい」という話もされていました。ファウルがどう飛んでいくかで、打者の狙い球が大体分かるということです。工藤さんはその上で、「打者の狙い球を外す配球だけをしてもいけない」とも教えてくれました。打者は狙っている球だからこそ、多少ボール気味でも強引に打とうとすることがあるからです。そういう打者の習性を上手く利用しなさい、というアドバイスです。

私の投球術は、そういう一流選手からお聞きした理論や、大学時代に善波さんから教わったこと、そして自分自身の実体験を組み合わせたものです。練習後に「インコースの重要性とリスク」というような一つのテーマで勉強会を開いて話をすることもありますし、カウントごとの球種の投げ分けや、一つ前の球を活かした配球の組み立て方、打者の錯覚を利用するための変化球の使い方などについてイニング間や、勉強会で話をすることもあります。

正直なところ、実力があって調子も良い投手なら、配球の組み立て方に関係なく打者を抑えることはできます。どんな球が来るのか打者が予測できても打てないからです。しかし、そこまで実力がある選手ばかりではありませんし、実力がある選手も常に調子が良いわけではありません。

だからこそ、投球術を学ぶことは重要になります。

投球のクセを修正する

投手が滅多打ちされた場合、投手自身のパフォーマンスの低さが原因であることももちろんありますが、投手のクセが相手チームに見抜かれているという場合があります。

投手のクセを見抜くことについては、球団ごとに温度差が結構あるようにも思います。打者によっても差があり、投手のクセを見抜こうと観察ばかりしている打者もいれば、あらかじめ球種が分かるとボール球でも振ってしまうという理由で、敢えて投手のクセに気を配らない打者もいます。

どれだけ一生懸命練習をしてパフォーマンスを高めても、球種が打者にバレていれば打たれる確率は格段に上がってしまいます。このクセをどう修正していくかは重要なポイントです。

投球に入る前の段階でクセが現れる場合の対処は容易です。

グラブや肩の位置、どのタイミングで球を握るかなど、投球動作に入る直前までのクセであれば、そのまま投手に指摘をして修正させればいいだけです。しかし、投球フォームの中で現れるクセの場合は注意が必要です。

投球フォームはほとんど無意識で行う動作なので、意識して修正させようとするとフォーム自体が変わり、投球の感覚が失われてしまう可能性が出てくるからです。クセを直そうとして調子を崩してしまっては本末転倒なので、指摘するタイミングや指導の仕方に気をつけるようにしています。

また、投球のクセだけではなく、配球のクセにも注意しなければなりません。

今はデータが非常に充実しているので、初球はどんな球が多いか、二ストライク、あるいはランナー二塁の時は何を投げるのかなどの情報がパソコンのボタン一つですぐ手に入ります。投手は、データによる分析を乗り越える投球をしなければならない時代なのです。対処すべきことが以前と比べて高度になっており、投手の技術を向上させるだけでは勝てなくなっているので、データを駆使したサポートも怠らないようにしています。

プロの投手になりたい君へ

　プロの投手になりたい中高生へのアドバイスとしては、これまで書いてきた通り、「下半身、体幹、そして遠投などで肩周りをとにかく徹底的に鍛えなさい」ということです。しかし、身体がまだ出来上がっていない中高生の場合、負荷を掛けすぎると怪我に繋がることもあるので、ただ単に一生懸命トレーニングをすればいいというわけでもありません。怪我をしない範囲で可能な限り体力強化を行うことは大前提とした上で、体力強化以外についても触れておこうと思います。

　重要なのは、まず何よりも「楽しく野球をする」ことです。特に小中学生の場合、楽しくなければ続きませんので、指導者は楽しんで野球ができる環境を作ることが大事ですし、子供たちには楽しみながら野球をプレーしてほしいと思います。

　その上で、いろんなポジションを経験することと、様々なスポーツにチャレンジしてみることをお勧めします。

昔は野球が一般的な遊びだったので、そのなかで子供たちは複数のポジションを経験し、一番上手い子が投手になるのが当たり前でした。しかし今は、投手が専門職のようになってしまっています。そのことでどんな弊害が生まれるのかと言えば、「思いっきり」でしか投げられない投手が増えてしまうことです。

投手の経験しかない選手には「軽く投げるスナップスローができない」という印象があります。軽く投げる時は指先の感覚でコントロールする必要があるので、スナップスローをする機会が多い方が、その感覚を高められると考えます。しかし投手ばかりやっていると、強く投げ込むことで指先の鈍さをごまかせてしまうのです。

投手はコントロールを良くするために指先の感覚を養うことが重要なのですが、この感覚はプロまで来るともう劇的に改善するということはできません。スカウトにも「球は後からでも速くできるから、指先の感覚の良い選手を連れてきてほしい」という話をよくするほどです。投手以外のポジションや他のスポーツをやってみることで、投球とは違う動きを経験することができ、結果的に身体能力の向上や指先の感覚を鍛えることに繋がると私は考えています。

より実践的な練習をしたいということであれば、十メートル先に置いたバケツにボールを投げ入れる練習を取り入れてみてください。遠近感を捉え、力加減をコントロールしなければならないので指先の感覚を養える効果的な練習になります。

また、キャッチボールはやはり疎《おろそ》かにはできません。野球における全ての基本動作と言っていいですし、キャッチボールを見れば選手の良し悪しが判断できると言われているほどです。

キャッチボールをする際は、フォームのリズムを一定にし、速いテンポで投げることを心掛けてください。リリースのタイミングを意識することと、一球一球狙って投げることも重要です。特に狙いを定めることは疎かにされがちですが、キャッチボールであってもどこを目掛けて投げるかを意識することが、コントロールの向上に繋がりますので、とても重要なことなのです。

今の時代は、インターネットから様々な情報や知識を簡単に得られるようになりました。自分に都合の良い理論を見つけることも、一流選手が行っているやり方を知ることも簡単です。しかし情報が多いことが、成長の妨げになるという事実も併せて覚えておいてください。

人間はそれぞれ身体の作りも可動域も筋力も違うので、誰かに当てはまることがあなたにも当てはまるとは限りません。上達のために自ら学ぼうとする意識を持つことはとても素晴らしいのですが、知識や理論ばかりが先行して、これはやらなくてもいい、こんな練習は無駄だと、自分の行動を制約してしまうのであれば、逆効果です。

人間の身体は、想像もできないような可能性を秘めています。現在の医学や科学が百年前とは大きく変わっているように、百年後もまた様変わりしていることでしょう。頭でっかちになって現在の知識に囚われてしまうのではなく、まずは自分で経験し、それによって感じたことから判断する習慣を身につけましょう。そして、自分で良し悪しを判断するのが難しい時には、周りにいるコーチなどに指導を仰ぎ、方向修正をしてもらうことが重要です。

投手は、どれだけ練習してきても、どれだけコンディションを合わせてきても、当日のマウンドに立たないと調子は分からないものです。プロの投手であっても、それは同じなのです。

そして、マウンドに上がったら、速いストレートを投げようとか、自分の理想の球を投げようなどと考える必要はありません。自分の調子どうこうではなく、打者と勝負する、そして、その勝負に勝つこと。これが全てです。もし自分の調子が悪かったとしても、勝負に負けることとイコールではありません。それ以上に相手の調子が悪いこともあるかもしれませんし、実際の勝負では打ち損じもあるのです。

だから、マウンドでは投手自身の調子は気にしなくていいのです。もちろん悪い日はイニング間や投球練習で少し修正してみたりすることも大事です。けれど、どうせ修正したところで少し良くなることはあっても、劇的に良くなるなどということはほとんどありません。調子が悪ければ悪いなりにどうやって打者を抑えていけるのか、調子が悪い自分さえも楽しむ気持ちで勝負することが重要なのです。

マウンドで自分の調子とばかり勝負をしても楽しくないでしょう。

「相手との真剣勝負を楽しむ」

そんな考え方で、悔いの残らない、結果を恐れない、思い切った野球をしてほしいと思います。どんな結果になろうと、悔いなく思い切りプレーできることを願っています。

怪我との向き合い方

怪我に苦しんだ選手時代

選手時代は、怪我に苦しみました。一番辛かったのは、三年目に肩を痛めた時のことです。この年にダイエーホークスは初優勝するのですが、私はほとんどファームで過ごし、一軍で優勝に貢献することは全くできませんでした。

当然、優勝の瞬間は妻と共にテレビで見ることになりましたが、隣で妻が泣いていたので嬉《うれ》し涙なのかと思ったところ、「優勝の瞬間に夫が隣にいることが悔しい」と言われてしまいました。妻にこんな思いをさせてしまった自分が情けなく、またこれほどの強い思いで支えてくれる妻のためにも本当に頑張らなければならないと、改めて心に火がつくことになりました。

肩の怪我について医者から手術を勧められましたが、当時は今よりも手術が容易ではなかったので保存療法を選択しました。しかし、この治療に時間が掛かって、結局「優勝の瞬間を家で過ごす」ことになってしまったのでした。子供の頃から考えても、私の野球人生において最も大きな怪我であり、当時は車の運転もできないほどでした。きちんとしたケアの知識も持っていませんでしたし、「身体だけは丈夫だ」と過信していたこともあって、治るのに余計に時間が掛かってしまったのだと思います。

その後も、一軍でのローテーション定着が見えてきたタイミングで再び怪我をしてしまいます。六年目のキャンプで股関節《こかんせつ》に違和感を覚えたのですが、経験が無かったこともあって、あまり重く捉えていませんでした。

しかし、踏み出す足の方の股関節だったため、無意識に庇《かば》おうとして肩や首に負担が蓄積し、再び肩を痛めてしまったのです。その際も手術を勧められましたが、それまでの成績から考えて、球団が手術からの回復を待ってくれるとは思えなかったので、やはり保存療法を選択することになりました。

工藤さんからは「怪我をしない身体作りをしろ」と口酸っぱく言われていましたが、目先の成績ばかりに気を取られ、そこまでの意識を持つことができませんでした。

また、当時は今ほどには怪我の予兆を捉えることや、怪我をした際のケアなどが手厚くなかったとも感じます。そういった自分の経験をふまえて、今では選手たちに怪我をさせないサポートに力を入れるようになりました。

毎朝、ウォーミングアップの終わりまでには各選手の体調と身体の張りについて聞き取りをし、それに応じてその日のメニューや登板する試合を決めます。練習開始後も、トレーナーから選手の状態について報告があれば、それを受けてメニューの差し替えを行います。必ず、その日の選手の状態に適したメニューが行えるような環境を整え、怪我に繋がるような負荷の掛け方にならないように気をつけています。

自身の状態についてコーチに正直に申告しない選手も多く、なかには怪我を隠すケースさえあります。なるべくそうさせないために「今、言ってくれれば二、三日の遅れで済むけれど、我慢して大きな怪我をすれば長期的に離脱しなければならなくなる」という話を繰り返ししています。困るのは私たちだけでなく、選手本人も、なのです。

また、僅かな変化も見逃さないように、選手自身にも身体の状態に対する意識を高めてもらうようにしています。

「怪我」なのか「違和感」なのかの見極め

怪我に関しては、意識を向けすぎることがマイナスに働いてしまうこともあることを理解しておく必要があります。

例えば、過去に肘《ひじ》を故障した投手が再び同じ部位に痛みを覚えて病院に向かったところ、「特に異常は見られない」という診断をされるケースが多々あります。どうしてそういう状態になるかと言えば、怪我をしたということに意識が向きすぎているからだというのが私の考えです。

かつて怪我をした部位に敏感になるのは当然のことですし、敏感になることで準備やケアの意識が高まり、同じ故障を繰り返さずに済むという効果はもちろんあります。一方で、痛みとメンタルには深い関係があることが医学的にも判明しつつあります。怪我やその再発を恐れるメンタルが痛みや違和感を強く意識させ、結果的に怪我の治りが遅くなってしまうことさえあるのです。

ホークスでは、一軍、二軍、三軍に加えて、故障した選手を集めたリハビリ組が存在します。それぞれの怪我の程度や治り具合に合わせて、周りに流されないペースで練習に取り組めることは大きなメリットです。しかし、リハビリ組として完全に本隊と離れてしまうことは、怪我を必要以上に意識させてしまう環境になっているのではないかとも感じています。

多くの運動選手が同じ経験をしたことがあるでしょうが、試合中は痛みを感じなかったのに、試合が終わってから痛みを覚え怪我に気づく、ということがあります。リハビリ組にいる選手に、「アマチュア時代、同じくらいの違和感や痛みを覚えた際に今ほどプレーから遠ざかったことがあるか？」と聞いてみると、「ない」と答える人が大半です。少し休んだらプレーできた、我慢してプレーしている内にいつの間にか治っていた、というケースの方が圧倒的に多いと感じます。

休息を与え、回復期間を設けなければならない怪我は当然あります。しかし、「怪我」というほどでもない「違和感」の場合にはむしろ、怪我をした部位に意識を向けることや、怪我に関する知識だけが増えることは、必ずしも良い方向に進むとは言えないのです。

また、リハビリの過程で違和感を覚えることで悪い状態に逆戻りしてしまったと落ち込み、そのせいで回復が遅れてしまう選手もいます。しかし、リハビリの過程で現れる違和感は、故障から回復する途上においては正常な反応である場合がほとんどです。これもまた、怪我に敏感になりすぎるが故の悪影響と言っていいでしょう。

コーチは、選手の怪我そのものと向き合う必要もありますが、怪我と向き合う選手に寄り添うことも重要になります。怪我に対する意識を高めることで怪我を回避させながら、怪我をしてしまった選手に対しては怪我をことさらに意識させないサポートもしなければならないということです。

回復期間をマイナスにさせない

とはいえ、怪我をしてファームに来た選手にはまず、「なぜ怪我をしてしまったのか分析しなさい」と伝えます。原因の追究をしないまま試合に復帰すれば、また同じ怪我をすることになりかねません。必ずしも特定できるとは限りませんが、まずは心当たりを洗い出してもらい、可能性がありそうな原因を探ってもらいます。

その後で、「怪我をする前より強くなって一軍に戻らなければならない」という話をします。怪我をした部位にもよりますが、肩を怪我した場合ならば足や体幹に問題はないわけで、ここを他の人よりも鍛えることは可能です。

怪我をする前ならば、投手としての調整も行わなければならないので、筋力アップにそこまで時間を割けていないこともあるでしょう。それまで重点的に行えなかった分を、怪我をしているこの期間に徹底して鍛えれば、怪我の期間がマイナスにはなりません。

怪我ばかりを気にするのはよくないと書きましたが、コンディションに対する意識の持ち方やパフォーマンスについて、じっくりと見直す時間にも充てられます。そうしたことによって、怪我が結果的にはプラスに働いたと思えるくらいパワーアップして戻ってほしいと伝えるようにしています。

メンタルコントロール

インコースに投げる勇気

加治屋蓮《かじやれん》（元ホークス、現阪神タイガース）は、二〇一四年に社会人チームからドラフト一位で期待されて入団した選手でした。けれど、入団からの四年間で一軍登板は僅か四試合に留まっていました。

二軍ではチームトップクラスの成績を残すも、一軍では自分の力を発揮できずにいました。その原因が彼のメンタル面の弱さにあるということに気づいたのは、現役時代の私が同じ状況だったからかもしれません。

加治屋にとって五年目となるシーズン、オープン戦でのことでした。

開幕一軍を争う重要なオープン戦で登板した彼は、キレの良い球を投げてはいたものの失点してしまいました。打たれたのは、右打者のインコースに投げたストレートが真ん中に入った球でした。この時、インコースに投げることを怖がったように私には見えたのです。

投手がなぜインコースに投げることに躊躇するかは、経験がある人には分かることでしょう。打者に当ててしまった時の痛みや、その危険性を知っているからです。彼は人間的には素晴らしい、とても優しい性格の持ち主だったのですが、そのことがマウンド上では悪い方向に働いてしまっていたのです。このままでは彼は一軍で活躍できないまま終わってしまう――。何とかして彼の恐怖心を取り除いて、打者と勝負する闘争心のようなものを植え付けたい、自分の弱さを乗り越える勇気を出させなければならないと思いました。

そこで私は、彼に指摘するタイミングを図り、数日後に彼を呼んで「インコースに投げられないのなら、今すぐここでユニフォームを脱げ！」と敢えて厳しく叱責しました。そうすることで、彼の心に火をつけたいと思ったのです。

そして、次の登板機会が訪れました。無死満塁で、相手の三番打者という大ピンチの場面からの登板でした。そこで彼はなんと二球続けて、インコースの厳しいところに投げることが出来たのです。結果的にはヒットを打たれてしまい、試合後のロッカールームには落ち込んでいる姿がありましたが、彼が自分の弱さを乗り越えられた感動で私は内心涙が出そうでした。

「今日は打たれてしまったけれど、インコースに投げ切れたこと、それが全てだ。これでもう大丈夫」と私は声を掛けました。

　この試合がきっかけと言い切っていいかは分かりませんが、そこからの彼は弱さを克服した投球を見せ続けました。開幕一軍入りどころか、ホークスの球団記録となるシーズン最多七十二試合登板を記録するなど、ホークスの日本一に大きく貢献するまでに成長したのです。

メンタルの弱さが不調の原因だった過去

　私はプロ入りしてからしばらくの間、一軍と二軍を行ったり来たりし、一軍にはなかなか定着できない日々が続きました。一軍で投げて結果が出ることもあったのですが、その状態がどうしても長続きしないのです。二軍では継続的に抑えられるのに、一軍では上手くいかない。

その一番の原因は「メンタルの不安定さ」でした。

マウンド上では「今日はちゃんとストライクが取れるだろうか」、「打者を打ち取れるだろうか」という不安と戦ってばかりいました。常に緊張していましたし、悪い想像ばかりが頭を過《よ》ぎってしまうのです。そのせいで思い切り腕を振ることができず、自分の力が全く出せないでいました。二軍で調子が良かったのは、一軍のマウンドで感じるようなプレッシャーが無かったからです。二軍ではのびのび投げることができていたので、安定して結果を出せていたのです。

「不安」という感情は、未来の出来事について考え、その結果が悪いことを想像してしまうからこそ生まれます。そして、不安は自分で作り出している感情だということにある時、気がついたのです。

そこで不安を感じないようにするのではなく、不安を感じている自分を否定せずに、自分のありのままの状態を認めることが出発点なのだと考えました。その上で「今、不安を感じている自分は何をすべきなのか」に徹底的に意識を向けるようにしたのです。練習の段階から試合の時と同じ心境を作り出せるように意識して、不安を感じても一プレー一プレーに全力を尽くしていく、ということを繰り返しました。

すると、少しずつですが不安を恐れることが無くなり、また不安という感情に囚われずに自分の力を出し切ることができるようになっていったのです。

自分もメンタルで苦労したからこそ、実力が十分備わっているのに結果を出せないでいる選手を見ると実体験をふまえアドバイスするようにしています。

メンタル面からのアプローチ

投手に対するメンタル面でのアプローチは非常に重要と考えています。むしろ、メンタル面のアプローチ無しでは、コーチは務まらないと言っても過言ではないでしょう。

結果が出ない選手に対しては、その原因を技術的な面に求めることが多くなりがちですが、実は脳からの指示を伝える運動神経の方に問題があるという場合もあります。

どれだけ身体能力を高めても、それを動かすための脳からの指令に不具合があれば、パフォーマンスは上がりません。練習では良いフォームや腕の振りで投げられていても、緊張やプレッシャーなどによって試合中の精神状態が整わなくなれば、途端に調子は悪くなってしまうのです。

試合後の投手とのミーティングでは、技術的な部分についてももちろん話を聞きますが、それ以上にマウンド上での気持ちを聞くことを意識しています。どういう感情に支配されていたのかを確認し、その後のコーチングの方向性を考えるようにしているのです。

初登板を終えた投手にはまず「緊張したか？」と問いかけます。YESでもNOでも、ひとまず答えはどちらでもいいのですが、緊張したと答えた場合にはその際の身体の状態について確認をしていきます。「いつもと感覚が違いました」「足がふわふわしていました」というような答えが返ってくるので、そこを起点として、選手へのアプローチの仕方を考えていくことになります。

試合で思ったようなパフォーマンスができない場合に、「練習が足りないからだ」と言ってしまうのは簡単です。しかし、技術は十分でもメンタルに問題があるという場合、ただ練習を繰り返すだけでは改善に至りません。メンタルを含めた選手の状態を見極めながらアプローチしていく必要があります。

一流選手のなかには、マウンド上で緊張や不安に支配されるという感覚そのものが理解できないという人もいるようです。私は現役時代から自分のメンタルの弱さを克服したいとたくさんの専門書を読んだり、メンタルトレーナーと契約して相談してきたりしました。こうして自分自身たくさん悩み、乗り越えてきた経験があるからこそ、メンタル面で悩む選手に対して、より多くの視点とサポート方法を提示できるのだと思います。

イップスへの対処について

イップスに陥ってしまった投手のサポートをすることも度々あります。

イップスに陥る要因は本当に様々です。肩や肘を故障した選手が、治った後に以前の投げ方を取り戻そうとする過程でイップスになることもあります。

怪我以外の理由として「自分が投げた球が打者に当たってしまった」とか「球場のファウルグラウンドにあるブルペンから暴投して進行中の試合をストップさせてしまった」とか、心理的な衝撃が原因となったケースも実際にありました。

イップスを克服させるために、多くのコーチが技術面からのアプローチを取りますが、私は技術面とメンタル面を半々、あるいは四対六ぐらいの割合で行うようにしています。イップスというのは結局、無意識の動作であり、脳からの信号異常だと考えます。その異常な信号を遮断するような意識を持たせるために、メンタル面からのアプローチが不可欠なのです。場合によっては練習でわざと思いっきり暴投させるなど、気持ちの部分で吹っ切らせるような対処法なども必要になってきます。

これはある意味で、心理カウンセラーのような仕事でもあります。イップス改善で有名な方とお話をさせてもらったことがあるのですが、その方は実際に心理カウンセラーを職業とされていました。

この方から「倉野さんはいつでもカウンセラーができますね」と言っていただけたことは、イップスに限らず、メンタル面からのアプローチ法が間違っていないと自信を持つことに繋がりました。私自身、今後の目標として民間のメンタルトレーナーの資格を取得することも検討しています。資格を持つことで、指導にさらに説得力が増すことを期待しています。

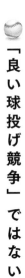

投手であるとはどういうことか

「良い球投げ競争」ではない

投手にはよく、「試合は『良い球投げ競争』ではない」という話をします。一軍の試合でも目にする機会があるのですが、試合中の投手が打者を抑えているにもかかわらず、マウンド上で首を捻《ひね》っていることがあります。同じ投手だった身として、投げた球に納得がいっていないのだろうということは、もちろん分かります。しかしそうだとしても、投手はそれを表に出すべきではありません。周囲には投手の意図とは違って見えるし、野手やベンチが投手に対して不安を抱いてしまい、信頼関係が崩れることがあるからです。

調子が悪い日の投手は、自分がイメージする良い球を投げようと必死になっていることがほとんどです。ちょっとしたフォームのズレなど、ほんの僅かな要因で投手は調子が出なくなってしまいます。投手は試合中に様々な修正を試みるのですが、その場をしのぐための応急処置はできても、その日の内に根本的に調子を取り戻せることはほとんどないのです。

投手にとって大事なのは、自分が感じる「良い球」を投げることではありません。どんな球でも、どんな調子でも、打者を抑えるということが最大の目的のはずです。自分が感じる良い球と、打者が感じる良い球が必ずしも一致するわけではありませんし、調子が良いから勝負に勝てるというわけではありません。そのことを理解せずマウンド上で自分本位の「良い球」を投げることだけに意識が向いている投手には、厳しく注意するようにしています。

そして、一球一球、気持ちを込めて投げることは重要です。思うような球を投げられないとしても、どの一球に対しても気迫や闘争心を込めていく。相手はその雰囲気を感じ取り、その姿に圧倒されるという論理的ではない部分も、勝負事においては無視できないと私は考えています。

どのスポーツでも言えることですが、野球においては一球一プレーで人生が一変することがあり得ます。それを意識するくらいの真剣さと覚悟を常に持ってプレーすることで集中力が上がり、パフォーマンスも良くなり、そして結果的に打者との勝負にも打ち勝つことができるのだと考えているのです。

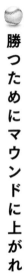

勝つためにマウンドに上がれ

「投手にはマウンドに上がる条件がある」という話もよくします。「良い球投げ競争」の話とも通ずるものですが、その条件は「打者と戦うこと」です。この点において私には、非常に苦い経験があります。

大学四年生の時にスランプに陥ったと書きましたが、その原因は「スカウトの目を意識して投げていた」ことです。大学三年生まで、ドラフト一位相当の評価をしていただいていたので、試合の際はスカウトの方の姿を目にすることが多くありました。

そのうちに私は目の前にいる打者ではなく、ネット裏にいるスカウトを意識してマウンドに立つようになっていたのです。速い球を投げなければ、フォアボールを出してはいけない、というようなプレッシャーに押し潰され、自分の投球を見失ってしまいます。球速は出ているのですが、コントロールが乱れに乱れ、フォアボールを連発してしまうような状態でした。普段のフォームも忘れ、どんな風に抑えていたのかも分からなくなり、結果としてアトランタオリンピックのメンバーからも外されてしまいました。ホークスのスカウトの方に評価していただいてどうにかプロ入りできましたが、私にとってあのスランプの時期は非常に辛い記憶として残っています。

私のように他者の目を意識して投げることも、良い球投げ競争のように自分と戦うことも、間違いなのです。「自分との戦い」は野球の試合でなく練習でするものだと思います。試合でマウンドに立ったら、投手に求められることはただ一つ。「打者と勝負して勝つ」こと以外にはないのです。

シーズンが六ヶ月もあるプロ野球の場合、その間ずっと調子が良いなんてことはほとんどありません。調子が優れない日も必ずあります。だからプロの投手は、どんなに調子が悪くても、その悪い状態のままどうやって勝つかを考える必要があるのです。自身の調子ではなく、打者との勝負への意識を強く持つことによって結果的に勝率が少しずつ上がり、勝率が上がるという事実によって不調を乗り越えることができると考えています。

もちろん、例外もあります。

一軍で活躍できるような投手をファームで育てている場合に、目先の勝負を捨てさせなければならないこともあるでしょう。二軍相手ならばピンチの場面でも、カーブを投げれば抑えられるけれど、ストレートの質を上げなければさらなる高みに行けないことが分かっている投手には、カーブではなく「ストレートで勝負しろ」と指示します。

選手育成の観点からこうしたケースもありますが、まずは「勝つためにマウンドに上がる」という意識を持たせることを重視しています。

燃え尽き症候群になってしまった試合

プレッシャーがもの凄く掛かる試合に登板して、マウンドで足の震えがしばらく止まらなかった経験があります。

二〇〇四年のプレーオフ（現クライマックスシリーズ）第4戦の試合です。

ホークスはシーズンを一位で終えながら（現行ルールではリーグ優勝）、リーグ優勝と日本シリーズの出場権を賭《か》けたシリーズで、相手のライオンズに優勝に王手をかけられた状況での試合でした。この時には自分のメンタル面の弱さは克服していたつもりでしたが、それでも「ここでチームを負けさせられない」という重圧に前日の夜は寝られませんでした。

この年の後半は非常に調子が良かったこともあって、先発投手に選んでもらったのですが、一回からずっと足が震えっぱなしでした。マウンド上で足が震えることはそれまでも時々ありましたが、アウト一つ取れば大体の場合は収まっていました。

しかし、この日は三回になっても全く震えが止まりません。球場の雰囲気も異様で、「絶対に負けられない」とホークスファンはピリピリ。結果的になんとか足の震えは収まり、六回無失点で勝ち投手の権利を得てマウンドを降りました。試合には無事勝利して、逆にホークスが優勝に王手をかけることができ、ヒーローインタビューも受けました。

この試合に勝てたことが、私の野球人生で一番嬉しい、最高の出来事でした。

プレッシャーに押し潰されそうになりながらも、「絶対に勝つ」と気持ちを強く持って勝利できたことが自信に繋がりました。また、勝負の世界での気持ちの強さの重要性を、そして弱かったかつての自分を乗り越えられたことを、本当に実感できた試合でもあります。

ただ、私にとってこの試合は、野球人生における最高の到達点だと感じられてしまうものでもありました。六回で交代を告げられてベンチに戻った時、泣きそうになったことを覚えています。プレッシャーから解放されたからではなく、満足感からだったのです。

それまでの野球人生を振り返り、チームの窮地を助ける働きが出来るところまで来られたという達成感がありました。しかし同時に、自分にはこれ以上の目標が無いということにも気づかされてしまいました。選手として今以上に自分が奮い立つ状況を想像することができず、燃え尽き症候群のような状態になってしまったのです。

この試合を一つの契機として、私は引退の二文字が頭に浮かぶようになりました。

投げられるか投げられないかで決めろ

気持ちをどう持つかで大きく成長できる選手もいます。私が見てきたなかでは、石川柊太が印象的です。

石川は大卒の育成選手でしたが、入団当初から球質の良さには目を見張るものがありました。すぐ一軍の試合で投げる選手になるだろうと考えていましたが、肘を故障してから伸び悩みます。良い球を投げるのですが身体が非常に弱く、故障や離脱が頻繁にありました。試合で調子が良くてもすぐに故障し、一シーズンを投げきれたことがありませんでした。リハビリ組を担当していた齋藤コーチと二人三脚で試行錯誤しながら肘に負担の掛からないフォームを模索し、ようやく何とか安定して投げられるようになりました。

そんな石川にとって転機となった出来事があります。

安定して投げられるようになった石川は支配下登録されて間もなく、一週間の予定で一軍入りしたのですが、タイミング的にその期間に登板機会が無く、別の選手と入れ替わりで二軍に戻りました。そこで二軍の試合に登板した石川は滅多打ちされ、ボロボロになってマウンドを降りることになったのです。

試合後に話を聞いたところ、石川は「足首が痛かった」と言い訳を口にしました。言い訳だと感じたのは、普段の石川の様子からして、痛みはそこまでたいしたものではないはずだと判断できたからです。

それから二日間、石川には非常に厳しい言葉を投げかけ続けました。敢えて同じことを何度も何度も繰り返し言い続けたのです。

「痛いか痛くないかではなく、投げられるか投げられないかで判断しろ」

石川が足首を痛いと感じていたことは事実でしょう。しかし、身体のどこかに痛みがあっても投げている一軍選手はたくさんいます。投げられないぐらいの痛みであればこちらもストップをかけますが、痛くても投げられるのであればマウンドに立たなければなりません。最近は、違和感を痛みと捉えてしまいがちな選手が多いですが、石川はまさにその代表格だったように思います。

一週間とはいえ、石川を一軍に上げたのは期待を込めてのことでした。しかし一方で、支配下登録されるということは、クビになる確率も上がるということでもあります。私は彼の意識や勝負に対する甘さに気づいていたので、このままでは一軍で活躍できない、彼自身が変わるきっかけを与えなければと、「痛いかどうかではなく投げられるかどうかで判断しろ」と繰り返し言葉を掛けたのです。

それ以降は、違和感や痛みを簡単に口にすることは無くなりました。彼の中で、始めの頃は不安だったかもしれませんが、この程度の痛みなら投げられるという感覚が少しずつできていったのだと思います。今では入団当初とは全く違う選手に成長しました。

精神的にも体力的にもタフになり、チームの主力として一軍で活躍し続けられる選手になったことは私の喜びにもなりました。

おわりに

初めての著書を書くにあたって、これまで経験してきたことの全てを伝えたいと思い、じっくりと振り返ることができました。これは新たな発見や改めて感じたこと、そして今も昔も変わらないことなど、自分自身の心の整理にもなりました。

現代の情報化社会では、コーチング論、技術論、精神論、トレーニング論と様々な理論が言語化、数値化され溢《あふ》れています。その理論が、「正しいのか正しくないのか」の正解は自分の中にあり、他人が決めつけることは出来ません。その人に「合うか合わないか」だけなのです。また様々なものが数値化され合理化が進み、昔の根性論みたいなものが間違っているという風潮もありますが、私は相手との勝負の世界では、いかに窮地や高い緊張感の中で力を振り絞れるかどうかで最後の命運が分かれるのだと思います。

自分のペースでしか力を発揮できない選手は、周りからペースを崩された時に脆く、パフォーマンスを発揮できません。自分のペースで行えない、敢えて根性論で行うような練習も大切なのだと、今の時代だからこそ改めて感じているのです。

私はこのような時代において、現代の合理化された効率的な練習はもちろん、昔ながらの練習の良い部分をミックスし、より良いもので選手を成長に導きたい。

また経験者でしか分からない理論や感覚は、相手との勝負では不可欠な要素で、また未経験者が研究を重ね導き出したパフォーマンス向上に特化したような理論（例えばスピードに特化）なども、私たちには無い視点のものもあり、そういったものもミックスしていきたいと考えています。

これまで自分一人で選手を導いてきたわけでないことは断言できます。たくさんの方がその選手をサポートしてきた結果なのです。

私はこれからもたくさんの方の力を借りて、選手と一緒に歩み、そして私自身も成長し、「知識、理論のアップデート」を繰り返していきたいと思います。

本文で紹介した「私の理論」で、共感できるものもあればそうでないものもあると思います。私も今と昔で、不変なものもあれば、考え方も感覚も変わってきたものもあり、過去の成功例や反省すべき失敗例も多々あります。しかし、今も昔も変わらない思いが一つだけあります。

「選手を良くしたい！」

この思いだけなのです。

初めての著作にあたって、私にそのきっかけを与えてくれた友人の角《すみ》ちゃんをはじめ、楽天ブックスネットワーク田口幹人《たぐちみきと》さん、リーディングスタイル長江貴士《ながえたかし》さん、KADOKAWAの菊地悟《きくちさとし》さんには大変お世話になりました。私の一つの夢でもあった書籍の出版を実現させてくださり、本当に感謝しています。

本書で紹介させていただいた私の野球理論の全てである工藤さん、小久保さん、善波さん。

選手時代の十一年間全てにおいて監督であり、私に期待しチャンスを与えてくださり、そして今もなお温かいお言葉をかけてくださる、尊敬する王貞治会長。

選手時代にいつも気にかけてくれ、大変お世話になり、大好きな先輩だった今は亡き、藤井将雄《ふじいまさお》さん、山本穣《やまもとじょう》さん。藤井さんと穣さんの背番号は現役時代のグラブには常に刺繡《ししゅう》を入れさせていただいていました。

選手時代もコーチになってからもたくさんサポートしていただいた、昨年他界してしまった川村隆史《かわむらたかし》さん、今年他界してしまった川根康久《かわねやすひさ》さん。

中学時代の監督で、投手になるきっかけをくださり、今もまだたくさんのサポートをしてくださる阪江謙二《さかえけんじ》さん。

高校時代の監督で自主性の基礎を作ってくださった宮原成資《みやはらせいし》さん。

高校時代に高いレベルの知識を与えてくれ、大学へも導いてくださった藤村哲也《ふじむらてつや》さん。

大学時代の監督で私が大学、プロ野球に進む道を作ってくださり、大きく育ててくれた河原井正雄《かわらいまさお》さん。

良い時も悪い時もいつも見守ってくれ、私を高く評価してプロ野球選手にしてくださった元ホークススカウトの岩下光一《いわしたこういち》さん。

私の人生観を大きく変えてくださり、今も一番頼りにしていてメンタルを支えてくださる瞑想の森内観研修所の清水康弘《しみずやすひろ》先生と脳力開発研究所の志賀一雅《しがかずまさ》先生。

今は亡き先代の壱岐寿司《いきずし》の大将をはじめ、私にたくさんの応援と勇気を与えてくれる福岡の知人の皆さん。今では福岡が第二の故郷となりました。

小さい頃からいつもキャッチボールの相手をしてくれ、人生における価値観をたくさん教えてくれた今は亡き高木徹《たかぎとおる》さん。

私の登場シーンをいつも編集してくれ、応援し続けてくれた今は亡き友人の安田幸志《やすだこうし》さん。

今も可愛がってくれ、応援、サポートしてくださっているたくさんの知人、友人。

たまにしか帰れなくてもいつも私を盛り立ててくれる地元の友人。

そして、これまで私を支えてくれた家族。

大学時代からの付き合いで陰ながら私の全てを支えてくれる妻、由紀子《ゆきこ》。

育ち盛りの時期に一緒に過ごす時間は短くなってしまったけど、今でも仲が良く、素直で優しい大人に成長してくれた娘、杏里珠《ありす》。

小さい頃から色々と教えてくれ、私の価値観に最も大きな影響を与えてくれた今もなお一番の相談者である兄幸男《ゆきお》。

私の背中を追って高校まで野球を続け、今は実家のお店を継いで支えてくれている弟喜雄《よしお》。

私を実の子のように愛してくれ応援してくれる義父英行《ひでゆき》、義母由美子《ゆみこ》。

私を天国から見守ってくれている祖父、祖母。

周りの支えや理解がなければ今の私は存在していないでしょう。感謝の言葉以外、見つかりません。本当に本当に、ありがとうございます。これからも甘えさせてください。宜《よろ》しくお願いします。

そして両親へ。

私を産んでくれ、やりたいこと全て何不自由なくやらせてくれました。プロ野球選手になるという夢を一番身近に支えてくれ、苦しい時も家計の全てをやり繰りし家族を守ってくれた母、次子《つぎこ》。高校最後の試合前夜にマッサージしてくれた温かい手の温《ぬく》もり。忘れられません。

おかあ、本当にありがとう！

私は父を見て野球を始めました。私のプロ野球選手になるという夢を実現させるために、考えられる全ての力を注ぎ込んでくれました。小さい頃から父に褒めてもらうために頑張り、夢を叶《かな》えプロ野球選手になって一番喜ばせたかった父、幸平《こうへい》。父は私が現役引退してすぐに他界してしまいましたが、私のプロ野球選手人生と共に生きたのかもしれません。そんな父はこうやって成長した私を今もきっと喜んでいると思います。

おとう、本当にありがとう！

最後に――。

私は一流選手になる夢は叶いませんでしたが、一流と呼ばれる日本で一番の投手コーチになりたい。そんな夢を持っています。私がこれまで座右の銘としてきた「努力すればいつか必ず〝どんな形であれ〟報われる」。この言葉を信じて、これからも頑張っていきたいと思います。

これからも一人でも多くの選手を、そして家族、応援してくれる方々を幸せにすること。

それが私の幸せです。

倉野信次《しんじ》

倉野信次（くらの　しんじ）
福岡ソフトバンクホークスファーム投手統括コーチ。1974年三重県生まれ。宇治山田高校から青山学院大学に進学し、東都大学リーグ通算41試合に登板、17勝7敗、防御率3.17、154奪三振。3年時には最優秀投手とベストナインに輝く。96年、ドラフト4位で福岡ダイエーホークスに入団。先発、中継ぎとフル回転で活躍も、2007年に引退。09年に二軍投手コーチ補佐に就任。11年からは三軍投手コーチを務め、19年には一軍投手コーチとして日本一を経験。武田翔太・千賀滉大らを育てた手腕は「魔改造」と評価される。

編集協力／田口幹人、長江貴士

魔改造《まかいぞう》はなぜ成功《せいこう》するのか

2021年12月 8 日　初版発行

著者／倉野信次《くらのしんじ》

発行者／青柳昌行

発行／株式会社KADOKAWA
〒102-8177　東京都千代田区富士見2-13-3
電話　0570-002-301（ナビダイヤル）

印刷・製本／大日本印刷株式会社

ISBN 978-4-04-111145-1　C0075